W0244763

Klaus Schamberger

# Ich
# bitte
# um
# Milde

Band V

81 ausgewählte Gerichtsglossen aus dem
Acht-Uhr-Blatt/Abendzeitung
**Anzeigenentwurf und Gestaltung
von Günter Rezab
Technik: Klaus Zeilein**
erschienen im Sigena-Verlag
Klaus Schamberger
8501 Wendelstein bei Nürnberg, Kastanienstraße 6

© Copyright by Klaus Schamberger
3. Auflage 1990
Veröffentlichungen, auch auszugsweise, nur mit Genehmigung des Verlages
Layout und Technik: Klaus Zeilein
Umschlag: Günter Rezab
Entwurf: Heinz Adolf Böhm
Anzeigengestaltung: Günter Rezab
Druckerei: ADV-Augsburger Druck- und Verlagshaus GmbH, Augsburg

# Inhaltsverzeichnis:

# Der Bauchredner

Ganz früher ist der Willi wegen seiner seltenen Sprachbega-
bung noch regelmäßig im Varieté aufgetreten. Jetzt hat er aus
dem gleichen Grund einen Auftritt beim Amtsgericht gehabt.
Der inzwischen schon pensionierte Künstler ist wegen Beleidigung angeklagt gewesen, Prozeßgegnerin war die Anni,
dem Willi seine ehemalige Hauswirtin.

„Zwaa Wochn hodder grood ba mir gwohnd", sagte die
Anni, „dou hädder Hausordnung ghabd, obber sauber
gmachd hodder nix. Nou hobbi an seiner Diir gschelld und
hob nern a weng an Marsch blousn, Herr Richder. Nou lachd
mi der rechd bläid oo, hodder a weng an roudn Kubf gräichd,
bressd die Libbn suu komisch zamm und aff aamol heeri, wäi
anns suu a weng vo undn raaf sachd ‚Gäih hald dei Waffl, alde
Sulln'. Obber des woor nedd den sei Schdimm, Herr Richder. Nou froochin, ob er des edzer aa gheerd hodd grood.
Obber er hodd nix gheerd, hodder scheißfreindli zu mir

7

gsachd, und nou hobbi numol weecher der Hausordnung oogfangd. Und in den Momend sachd widder anns ‚Gäih, alde Henner, gradz dein Dreeg selber zamm‘. Also nou hobbi fluchdardich es Drebbnhaus verlassn und bin in mei Wohnung nundergrennd.“

Am anderen Tag war das Treppenhaus immer noch nicht gefegt und gebohnert, wie es die Hausordnung befahl, und die Anni ist noch einmal in der Geisterwohnung vom Willi vorstellig geworden.

„Ich schell an der Diir“, sagte sie, „der Moo machd aaf, und wäi iich grood wos soong will, heeri scho widder däi unheimliche Schdimm. ‚Is däi bläide Sunner, däi bläide, scho widder dou‘, hod der Geisd gsachd. Und nou hodder glachd, dassi gmaand hob, i bin in der Geisderbahn. Und dou derbei hobbi obber nou ganz genau gmergd, daß des irchndwou weider undn vo den Moo rauskummd. I hob scho gmaand, der hodd an Lachsack in der Huusn.“

„Edzer langds obber“, schrie der Willi in die Verhandlung hinein, „des mid den Lachsack in der Huusn nehmer S’ ewendwell serfodd zrigg, Frollein. Solche Sauereien hom aff anner Grichdsverhandlung nix verluurn!“

Der Herr Amtsgerichtsrat glättete die Wogen der moralischen Entrüstung und die Anni durfte weitererzählen. „Also“, sagte sie, „es is eindeudich aus der Huusn kummer und es woor ka Lachsack. Und wäi nou däi Schdimm widder kummer is, hodds gsachd ‚Gell dou schausd, du bläide Kouh‘ und noi hobbis mid an Mol gmergd! Der Moo is a Bauchredner gween, Herr Richder!“

Der Willi äußerte sich zu den Vorwürfen nicht mehr, aber seine Fähigkeit, daß er mit dem Zwerchfell aus dem Bauch sprechen kann, waren leider aktenkundig, und er ist wegen Beleidigung zu einer Geldstrafe von 750 Mark verurteilt worden. „Vergelds Godd“, sagte der Willi, „iich richds mein Bauch ba Geleengheid aus.“

# Der Barockschrank im Biergarten

Die großen Einsätze im Gewerbe vom Fassadenklettern bis zum Tresorknacken hat der Alfons schon hinter sich, und die Mühen waren ihm schlecht gelohnt worden, weil man ihn trotz aller Vorsichtsmaßregeln meistens erwischt hat. Deswegen verzichtete er jetzt auf große Vorbereitungen und beschritt vor der Verwandlung lohnender Objekte von dein in mein einen völlig neuen Weg in der Beschaffung.

Er besorgte für sich und seinen Freund Rudi je einen blauen Arbeitsmantel und zwei Traggurte, wie sie in der Möbelpak-ker-Branche üblich sind. An einem Dienstag früh betraten die beiden Kompagnons eine Möbelhandlung durch den Liefe-ranteneingang, hingen wie selbstverständlich die zwei Gurte in einen sehr schönen Barockschrank ein und wuchteten das kostbare Stück anstands- und bargeldlos durch die Tür auf die Straße. „Mir sin nou schnell um die Eggn rum", sagte der

Alfons jetzt im Gericht, „nedd daß däi in den Gschäfd seeng, daß mir goor kann Lasdwoong derbei hom und vielleichd wos mergn. Und nach fuchzg Meeder hod der Rudi an gescheidn Dorschd gräichd. Wall es woor ja zimmli haaß an den Dooch und der Schrank hodd goud und gern seine drei Zendner gwuung. "

Also setzten sich die beiden Möbelträger ins Mittelteil des Barockschrankes und besprachen die Lage. Zwei Kilometer weiter wußte der Rudi ein sehr schönes Garten-Restaurant. „Also", sagte der Alfons, „hommer unsern Schrank widder gnummer und sin in des Werzhaus ganger. Zwaa Schdund hommer brauchd und mir woorn alle zwaa banander, wäi wemmer vier Wochn innern Schdaabruch gärwerd häddn." Sicherheitshalber nahmen sie den Schrank mit in den Wirtsgarten und stellten ihn direkt neben ihrem Biertisch ab.

Wegen der Hitze wurde aus dem Frühschoppen erst ein Mittagsumtrunk, dann ein Dämmerschoppen und plötzlich stand der Vollmond dick und fett über der Südstadt und es lag eine Gesamtrechnung von über dreihundert Mark an.

„Nerdirli", sagte der Herr Gastwirt jetzt im Zeugenstand, „nerdirili simmer däi zwaa Heiner mid ihrn Drimmer Biffee scho komisch vuurkummer. Obber des konn doch mir worschd sei, wäi jemand sei Zeich dransboddierd, wenner umzäichd. Obber haaß binni nou worn, wäis gsachd hom, daß leider ka Geld eischdeggn hom. Und iich soll den Schrank nehmer. Der kosd fimbfdausend Marg, homs gsachd, dausnd Marg deedns mer nouchlassn und folglich gräing sie vo mir nu dreidausndsiimhundert Marg. "

Der Wirt wollte aber keinen Barockschrank, sondern sein Geld und alarmierte die Polizei. Für den Zechbetrug und den Schrankdiebstahl faßte der Alfons sieben Monate ohne und der noch nicht so stark vorbestrafte Rudi drei Monate mit Bewährung. „Iiberool werd gschboord", sagte der Alfons angesichts des satten Strafmaßes, „obber fiir die Herrn vo der Jusdiiz gild des scheinds nedd. "

# Kein Geschäft ist auch ein Geschäft

Dem Eugen seine Magenwände waren kurz vor dem Einstürzen, in der Hose hat es rumort wie Donnerhall und wegen der Pressanz im Verdauungstrakt sind ihm die Augen schon herausgequollen wie dem Froschkönig im Bett vom Schneewittchen. Kurz vor der drohenden Katastrophe hat der Eugen aber gerade noch den öffentlichen Leerstuhl erreicht, ist aber dann noch von der Klofrau unnötig aufgehalten worden. „Moment amol, der Herr", sagte die Frau Anni, „a Fuchzgerla gräicherdi fiirn Abbod und numol a Fuchzgerla, weensersi dernooch die Hend waschn wolln."

Also schmiß der Eugen das gewünschte Markstück in den Teller und verschwand mit dem bekannten Pressgang im Kabinett. Jetzt sind der Eugen und die Anni vor Gericht gestanden, weil es damals nämlich noch zu einer größeren Auseinandersetzung gekommen war. „Mir woor des aa unerglärlich", sagte der Eugen jetzt auf der Anklagebank, „obber wäi iich in dem Abbodd drinner woor, hobbi aff aamool nemmer gmäißd. Es woor wäi wechblousn, Herr Richder."

Folglich verließ er also die Befreiungshalle unverrichteter Dinge, verzichtete auch aufs Händewaschen und verlangte deswegen von der Frau Anni das voreilig entrichtete Markstück wieder zurück. „An Scheißerla kenners zrigghom", beschied ihm die Klo-Hostess in aller Ruhe, „wall dou kennd si a jeeder ba uns rumdriggn und nou nachera halm Schdund soong, es is leider nix kummer."

Der Eugen aber bestand auf der Rückzahlung und wollte als Beweis der Anni die nach wie vor strahlendweiße Toilettenschüssel zeigen. Dabei soll es zu starken Beleidigungen und sogar leichten Handgreiflichkeiten gekommen sein. „Weecher an Märgla, Herr Richder", sagte die Anni, „fiird mer si doch nedd suu aaf. Baggd mi der Mo und zäichd mi in den Abbordd nei! Und nou hodder mer in Kubf bis in die Schissl neidriggd und sachd ,So edzer schauders oo, du alde Scheißhaus-Schnalln, obsd dou wos siggsd' und nou hodder die Schbülung laafn loun und iich bin badschnass worn am Kubf! Bfuideifl numolnei, dou schiddlds mi haid nu, wenni droodenk."

Der Eugen gab seinen Geiz und die damit zusammenhängenden Übergriffe weitgehend zu und wurde wegen Nötigung und Beleidigung zu einer Geldstrafe von 750 Mark verurteilt.

Im Recht fühlte sich der Angeklagte aber nach wie vor. „Es is mer nedd um däi Marg ganger", sagte er zu seinem Rechtsanwalt danach, „sondern ums Brinziib. Und im Brinziib hobbi nedd gschissn."

# Die befeuchtete Politess

Der Karl-Heinz ist das personifizierte Parkplatzproblem in der Innenstadt. Denn wo der stets eilige Rennfahrer auch seinen noblen Sechszylinder abstellt, kurze Zeit später ist schon so ein blauer Engel vom Präsidium da und schreibt ihm einen Überweisungsauftrag von der Sparkasse raus.

An einem sehr schwülen Nachmittag im August ist der Randstein-Schreck in der Höhe vom Hauptmarkt direkt unter einem Halteverbotsschild gestanden und hat hinterm Steuer auf sein Fräulein Braut gewartet. Zwei Minuten später war die sanfte Staatsgewalt schon zur Stelle und hat den Herrn mit seiner vollautomatischen Parkerlaubnis dringend gebeten, weiterzufahren. Sonst kostet es zwanzig Mark.

Der Karl-Heinz hat dem Fräulein Gisela von der Politessen-Staffel einen Zwanzig-Markschein durchs Fenster gereicht und gesagt: „Da, dou is der Zwanzger und edser lou mer mei Rouh, sei suu goud! I bin nedd zum Rumschdreidn aaf-gleechd.“

Also ist die Gisela zweimal um das Auto geschritten, hat die Nummer notiert, zwanzig Mark eingetragen und hat den Bußgeld-Auftrag unter die Scheibenwischer klemmen wollen. Es war, wie gesagt, ein strahlend blauer Himmel über der Stadt, kein Wölkchen am Firmament, und trotzdem ist die erschrockene Politess auf einmal im Gesicht patschnaß gewesen. Sie ist zurückgesprungen, hat erstaunt den Himmel überprüft und hat dann noch einmal versucht, den Strafzettel an die Windschutzscheibe zu klemmen. Und sofort hat es wieder kurz und druckvoll geregnet. „Und nou hobbis obber ganz genau gseng", sagte sie jetzt als Zeugin am Amtsgericht, „daß der dou in sein Audo drinner aff a Gnebfla driggd hodd. Und des woor aa ka Reeng, sonder die Scheimwaschanlooch."

Mit dem Springbrunnen auf der Kühlerhaube entwickelte sich dann ein interessanter Zweikampf. Einmal versuchte es die Gisela links mit dem Strafzettel, und es spritzte ihr aus der Düse druckvoll wieder ins Gesicht, dann versuchte sie es rechts, und es erwischte die hübsche Bluse mit dem satten Wasserstrahl.

Bevor die begossene Politess aber in Seenot geriet, gab sie auf, und alarmierte ihre männlichen Kollegen, die den Karl-Heinz zur Besprechung des Wasserstandes mit ins Präsidium nahmen. „Herr Richder", sagte er jetzt auf der Strafbank, „des is doch ganz andersch gween. Iich schbrids doch ka Bolidess vuller Wasser! Des woor suu, daß mei Windschudszscheim unheimli vuller Dreeg woor. Dou hosd ibberhabbs nimmer nausschauer kenner. Iich hob aa nedd gseeng, daß däi dou mid ihrn Zedderla umernanderrennd. Und nou hobbi hald mei Scheim waschn wolln."

Diesen Darlegungen folgte das Gericht nicht, sondern bestrafte den Karl-Heinz wegen der Befeuchtung einer Politess und Beleidigung zu einer Überweisung an die Gerichtskasse von 1200 Mark. „Wos, zwelfhundert Marg", wunderte sich der Karl-Heinz, „dou maand mer ja grood, ich hädd das Frollein Bollizei erdrängd!"

# Der Mißbrauch eines deutschen Obergefreiten

Der Obergefreite Franz hat seine Untergebenen geliebt wie eine Kuh die Fliegen im Stall und hat sie deswegen jeden Tag liebevoll über den Truppenübungsplatz gescheucht, daß sie am Feierabend beinander waren wie das bekannte Päcklein Resi oder ein Sack Wasser. Die meisten aus dem Himmelfahrtskommando haben sich die täglichen Kriechgänge und Schlammbäder zum Wohl des Vaterlandes gefallen lassen und auch den eigenwilligen Musikunterricht, wo man zur Erlangung deutschen Liedgutes unter dem dämpfenden Schutz der Gasmaske und im Schweinsgalopp singen hat sollen „Es ist unser Panzer ein ehernes Grab".

Nur der Schütze Daniel hat diese subtile Art von Heimatkunde nicht gebilligt und hat einen Gegenfeldzug in Auftrag gegeben. An einem der letzten Samstage der Grundausbildung ist der forsche Herr Obergefreite nach einem gepflegten Stuben-Appell, wo er seine Lieblinge ganz sanft und einfühlend als Halbaffen und zweibeinige Schlammsäue ins Tierreich eingeordnet hat, frohgemut und in Uniform aus dem Kasernentor geschritten.

Der Frohmut ist dem Franz dann aber jäh abhanden gekommen, wie ihm auf einmal am Marktplatz des Garnisonsstädtchens ein Major ebenfalls in vollem Ornat gegenübergestanden ist. „Schreid der miich oo", sagte der Obergefreite Franz jetzt im Zeugenstand, „obs edzer vielleichd seid neusdn ba der Bundeswehr aa Faschingsbrinzn als Dienstgrad gibd und nou hodder mer mei Schiffla vom Kubf runderg'haud und zwaa Gnebf vo der Jaggn rausgrissn. Und nou hodder brilld ‚Schdillgeschdandn' und ‚Im Gleichschridd, marsch!'. Und nou binni iibern Margdbladz maschierd."

Unter der interessierten Anteilnahme der Bevölkerung marschierte der Obergefreite Franz überschlägig fünf Runden um den Marktplatz, mußte befehlsgemäß unter einem Gemüsestand vor einer Atombombe in Deckung gehen und hatte dann noch eine Runde im Laufschritt zu bewältigen. Am Ende der außerdienstlichen Formalausbildung kam die Meldung, daß sich von allen Richtungen Tiefflieger melden und der Franz schleunigst und ganz flach in einer großen Pfütze Schutz suchen soll. „Zeha Minuddn binni mindesdns in der Bräih drinner gleeng", sagte der Franz jetzt, „bis der nou a Moo gsachd hodd, daß der Herr Major scho längsd verschwundn is."

Das Strafexerzieren ist dann sofort genau untersucht worden und es hat sich herausgestellt, daß der Herr Major genau so echt war wie die feindlichen Tiefflieger am Markt, und daß es sich dabei um einen Medizin-Studenten namens Otto gehandelt hat und der Schütze Daniel die kleine Nato-Übung eingefädelt hat. Das Tragen der Uniform und der Mißbrauch eines deutschen Obergefreiten ist mit einer Geldstrafe von 2400 Mark für den Otto und einem Disziplinarverfahren für den Daniel ausgegangen.

# Der Geister-transport nach Ansbach

Wenn am Freitagabend der Zapfhahn kräht, gibt es für den Walter kein Halten mehr – und am Ende des Wirtshausbesuches meistens auch kein Stehen. In so einer Verfassung hat sich der Walter vor zwei Monaten in der Innenstadt ein Taxi bestellt am frühen Morgen. Der Herr Chauffeur namens Hermann ist zehn Minuten später eingetroffen und hat dem eingeweichten Mitfahrer noch höflich die Tür aufgehalten.

Irgendwie ist der Walter dann aber noch einmal ums Auto herumgeflogen, hat die gegenüberliegende Hintertür zum Einsteigen benützt und laut nach vorne geschrien „Bagg mers Masder, iich mous nach Ansbach". Der Hermann ist über den lukrativen Ausflug sehr erfreut gewesen und fröhlich durch den frühen Morgen in Richtung Ansbach gefegt.

Kurz vor der Regierungshauptstadt hat der Hermann nach hinten gefragt: „Wou wolln's nou hii in Ansbach, Scheff?" Es kam keine Antwort. Da wurde Hermann um eine Spur lauter: „Äi Scheff, mir sin dou! In welche Schdrass?" Im Fond blieb es weiterhin sehr ruhig. „Dunnerwedder nei", schrie der Hermann, „solli a Schdaddrundfahrd machn, odder woss?" Keine Reaktion im Rückraum. „Du bsuffne Sau", brüllte der Chauffeuer schließlich nach hinten, „mir sin dou in dein Scheiß Ansbach. Solli di am Randschdaa hiischlichdn odder affan Misdhaffn"?

Dann bremste der Hermann, daß der Walter hinten mit Sicherheit vorn durch die Windschutzscheibe hätte aussteigen müssen – wenn er im Auto gewesen wäre. „Im erschdn Momend", sagte der Taxifahrer, „hobbi gmaand, iich sich den Fadder Morgana hindn im Audo. Dou is weid und breid ka Mensch drinner gween. Iich underhald mi mid den Lumbn nu und der is ibberhabbs nedd dou!"

Der Walter, der überhaupt nicht in Ansbach wohnt, sondern in Johannis, konnte sich leider an gar nichts erinnern. Allerdings gab es für den Start der Geisterfahrt einen Zeugen. „Des sichi nu wäi haid vuur mir", sagte der, „wäi der Moo aff der an Seidn ins Daxi neigrabbld is und aff der andern Seidn isser widder rauskummer. Und nou is des Daxi forddgfoorn. I hob mer nu dengd, der schbinnd a weng, hobbi mer dengd – wall wenner dou vobeilaafn hodd wolln, nou hädder ja aa ausnrum gäih kenner. Dou leffd mer doch nedd eimfach durch."

Rechtlich war es ursprünglich ein Betrug, aber es ist gnädigerweise in ein Vergehen des Vollrausches umgewandelt und dann eingestellt worden. Falls der Walter die Fahrtkosten nach Ansbach und zurück noch nachzahlt. „Des mid den Ansbach", sagte der Walter zum Schluß, „des gäid mer nedd in mein Kubf nei. Es kennd hexdns sei, dassi in mein Breller gsachd hob, ‚foor mer nu an Asbach her'. Obber aff kan Fall ‚foor mer nach Ansbach'. "

# Pelzmäntel von der Stange

In der Kasse vom Rudolf und vom Alfred war eine starke Einöde, und die leicht gekrümmten Geschäfte ihrer kleinen Hehlerei GmbH gingen äußerst schlecht: keine Ware, keine Kunden, null Kohle. Also schlug der Rudolf einen größeren Coup im Selbstverfahren vor. Die Objekte waren eine Ladung Pelzmäntel von der Stange, und an einem Freitagnachmittag im größten Einkaufstrubel sollte der Alfred am hinteren Ausgang des Kaufhauses mit einem Lieferwagen warten. Um vier Uhr war der Treffpunkt vereinbart, und um dreiviertel vier erschien der Rudolf mit einem sehr selbstverständlichen Chef-Ausdruck im Gesicht, einem nagelneuen grauen Anzug und einem Namensschild am Revers mit der Aufschrift „Direktion" in der Pelzabteilung, meckerte ein paar Minuten rum über die Ladenhüter, und daß man sich um jeden Dreck selber kümmern muß und dann schob er wie selbstverständlich den langen, fahrbaren Kleiderständer mit fünfzehn Mänteln an der Stange zum Aufzug.

„Ner ja", sagte der Rudolf jetzt am Gericht, „nou binni middn Aufzuch noogfoorn, hob in der Haushalzabdeilung nu a Verkaiferi zammgschissn, walls mi suu bläid oogschaud hodd und nou binni zon Hinderausgang naus affd Schdrass. Und nou is die Scheiße ooganger, wall mei Kumbl nedd dou woor!"

Der Alfred also war weit und breit nicht zu sehen, und der Rudolf schob seine fünzehn Pelzmäntel am Kleiderständer stark nervös am Gehsteig auf und ab. „Am libbsdn", fuhr der Rudolf fort, „häddis ja schdäih loun und wär derfoogrennd. Obber suu schäine Belzmändl, Herr Richder! Und suu leichd, hobbi mer dengd, gräichi däi in mein Leem nemmer. Und nou hobbis suu schnell wäis ganger is, an die Haldeschdell hiigschuum und wäi die Schrdasserboo kummer is, hobbi an Moo gfroochd, obbers gschwind amol mid neiheem helfn kennd. Nou is nerdirli der Schaffner vo vorna aa nu kummer und hodd gsachd, daß des aff kann Fall gäid und wou däi Mändl ibberhabbs herkummer. Obber nou hodder mei Schildla an der Jaggn gseeng und des is nou scho in Orddnung ganger."

Ganz geheuer ist es dem Wagenführer aber doch nicht vorgekommen. Zwei Haltestellen weiter ist der Rudolf also schnell wieder ausgestiegen und hat seine Pelzmäntel unschuldig pfeifend durch die Südstadt geschoben. „Um a Hoor", sagte er, „wäri hammkummer. Obber in der Allerschbercher Schdrass drausn homsi mi nou verhafd." Der Alfred wurde einen Tag später am Samstagnachmittag um vier Uhr, am Hintereingang des Kaufhauses verhaftet. Er hatte leider den Einsatztag verwechselt.

Der Rudolf faßte für den Diebstahl acht und der Alfred wegen Beihilfe sechs Monate. „Beihilfe – dassi nedd lach", machte sich der Rudolf über seinen verspäteten Spediteur lustig, „schdelld si der um vierer nachmiddooch am Samsdooch anner Kaufhaus hii, wous ummer aans scho zoumachn . . ."

# Taubensprache

Die Margarete mag Tauben für ihr Leben gern. Aber nicht gefüllt und gebacken, sondern verlaust und verkrätzt. Die Margaret hat nämlich im Oberstübchen einen leichten Taubenschlag und ist mit ihren Bazillenträgern vom Hauptmarkt praktisch auf du und du. Täglich zweimal besucht die Pensionistin ihre tausend Turteltäubchen, von denen manche sogar einen Vornamen haben, spricht mit ihnen über die wichtigsten Probleme der Welt und füttert sie mit Haferflocken, Sonnenblumenkernen und Weißbrot und am Sonntag gibt es auch eine fein gehackte Fleischzulage.

Alle Leute mögen aber die Tauben nicht so gern wie die Margaret und an einem milden Spätsommertag hat die Gunda der Frau Taubenmutter ein paar saftige Kapitel aus den bekannten Leviten vorgelesen. Sie soll sich mit ihren blöden Viechern sofort schleichen, hat die Gunda mitten unter der Fütterung gesagt. Es ist eine Sauerei, die zum Himmel schreit und sie holt wahrscheinlich die Polizei.

Die Margaret hat sich aber überhaupt nicht stören lassen und ist mit einem sehr zerzausten Täubchen auf der Hand ganz ruhig auf der Bank sitzen geblieben. „Hosd edzer däi graisliche Groha g'heerd, Hanserla", hat sie der Taube namens Hans ziemlich laut mitgeteilt, „dera bläidn Sulln mäins doch ins Hirn gschissn hoom. Des mousder mergn, Hanserla, gell, wennsd däi dumme Sau, däi dumme, widder sixd, nou mousd schnell verschwindn. Wall wenn däi ihr dumms Maul aafmachd. nou kummd Gifd und Galle raus. Däi hodd ka Goschn, däi hodd a Dreegschlaider. Nimm di vuur dera in achd, Hanserla. Wall bäise Weiber sin aa bläide Weiber. Und mit den bissla Schdroh, wous in ihrn Kubf drinner hodd, kummsd nedd iibern Winder. Dou sin meine Haferfloggn scho besser. Gell, mei Hanserla?" Die Taube Hans nickte, bedankte sich für den Hinweis und flog auf einen Schluck Wasser zum Schönen Brunnen.

„Des konn scho sei", sagte die Margaret jetzt auf der Anklagebank vom Amtsgericht, „daß des suu woor. Obber beleidichd hob ich däi Frau fei nedd, Herr Richder. Ich hob mi hald mid mein Hanserla a weng underhaldn, gell. Obber des wor doch blous fiirn Hanserla beschdimmd. Iich hobs doch aa in der Daumschbrooch zu ihn gschachd. Und i glaab nedd, daß däi Frau die Daumschbrooch konn."

„Ja fraali", schrie die Gunda, „in der Daumschbrooch hoddsi däi underhaldn. Mir is vuurkummer wäi wenn des unser Schbrooch gween wär. Hexdns, daß ‚Dumme Sau, dumme' in der Daumschbrooch aa ‚Dumme Sau' hassd."

Daß die Margaret die Taubensprache beherrscht, glaubte das Gericht auch nicht und verurteilte die Fremdsprachenkorrespondentin wegen Beleidigung zu einer Geldstrafe von zweihundert Mark.

Auf dem Gang draußen öffnete sie nach der Verhandlung ihre große Handtasche und man hörte ein leises Gurren. „Sei ruich, Hanserla", sagte die Margaret in die Tasche hinein, „des wassd edzer doch, daß mer zu dera Frau „Dumme Sau' nedd soong derf."

# Das Odelspiel

Ohne einen Sponsor geht im Fußballgeschäft bekanntlich nichts mehr und deswegen haben sich auch die Dribbelbrüder vom FC Barfussia im Landkreis einen solchen Geldgeber zugelegt. Es handelte sich dabei um den Alfons, den reichsten Bauer im Dorf, der an die Stammtischfußballer eine saure Kuhwiese zur Körperertüchtigung verpachtet hatte.

Einen wichtigen Unterschied zu einem richtigen Sponsor gab es aber leider schon: Der Alfons wußte nichts von seiner Rolle als Mäzen. Fünfhundert Mark in bar kostete die Wiese im Jahr Pacht, aber innerhalb von fünf Jahren war noch kein einziger Hosenknopf auf das Konto von Alfons eingegangen. Geschweige denn die eine oder andere müde Mark.

Gemäß dem Vorbild aus dem richtigen Profi-Fußball haben die aufgelaufenen Schulden den Georg, Torwart und Manager vom FC, aber in keiner Weise gejuckt.

„Dou wenni", sagte der Alfons jetzt dem Gericht, „dou wenni zu anner vo meine Käih im Schdall gsachd hädd, sie soll mer a boor hundert Mark geem – also däi hädd mi wenigsdns oogschaut, wenni mid ihr red! Obber der Herr Mannacker – der is ja schlimmer wäi a Rimbfiech, Herr Richder!"

Was bedeuten sollte, daß sich der Manager jedesmal schüttelte wie ein Betz, wenn er auf die Pachtschulden angesprochen wurde, und deswegen ist der Alfons schließlich zur Selbsthilfe geschritten, beziehungsweise gefahren.

An einem schönen Sonntagnachmittag, als der Fußballklub gerade gegen eine befreundete Mannschaft aus der Stadt mitten im groß angekündigten Kirchweihspiel war, ist der Alfons mit seinem Traktor und einem Anhänger hinten dran den Feldweg zum Sportplatz heraufgefahren. Auf dem Anhänger ist das große Odelfaß gelegen.

„Erschd", sagt der Georg, der Manager, „iisser am Schbillfeldrand doddn gschdandn mid sein Draggdor und wäi der Geechner oogriffn hodd isser aff aamol middn in Bladz reigfoorn. Und im Sechzehner drinner hodder nou in Schieber vo sein Oodlfaß aafgmachd!"

Die meisten Spieler konnten rechtzeitig flüchten, aber den Georg hat es so erwischt, daß er noch zwei Wochen später wie nach einer Rundwanderung durch die Nürnberger Kanalisation gerochen hat.

Zusätzlich hatte der Alfons mit dem Traktor noch einen Torpfosten umgefahren, so daß das Kirchweihspiel teils wegen des fehlenden Tores, teils wegen Überdüngung des Platzes abgebrochen werden mußte. Die Sachbeschädigung kostete dem Alfons eine Geldstrafe in Höhe von sechshundert Mark.

„Edzer", sagte ein Zuhörer beim Prozeßende, „edzer wassi endli, wos des hassd, wenns immer soong: Der Glubb hodd obber haid an ganz schäiner Oodl zammgschbilld."

# Der Glüh-
# weinbrand

Beim Helmut war der Weihnachtsfrieden im letzten Jahr am Christkindlesmarkt wissenschaftlich meßbar, weil gerichtlich nämlich zweieinhalb Promille festgestellt worden sind. Was vor allem die Glühweinverkäufer freuen wird, denen man immer nachsagt, daß ihr Christ-Drink alles mögliche enthält, nur keinen Alkohol.

Der Helmut ist also an jenem sanften Spätnachmittag bei leichtem Schneefall und starkem Kniefall von einem Glühweinstand zum andern gewankt und bei der letzten Zwischenlandung ist es aktenkundig geworden.

„Mir sin alle", sagte der Georg im Zeugenstand, „in anner langer Schlanger schäi nacheranander oogschdandn, daß mer unser Babberdeggerlabecherla vull Gliiwein gräing. Und nou fläichd der aff aamol wäi a Rauschgoldengerla an alle vorbei, schdäid als Erschder dorddn und lalld in den Kiosk nei, dasser fimbf Gliiwein gräichd."

Ohne umständlich anzustehen, wurden dem Helmut also seine fünf Styropor-Becher serviert. Dann nahm der Glühwein-Tester seine Pelzmütze ab, legte sie auf die Theke und hielt einen längeren Vortrag über seine Nahrungsaufnahme an diesem Tag. Es war die Rede von fünfzehn Glas Glühwein, einem Halbpfünder Früchtebrot, mehrere Bratwurstsemmeln, Zuckerwatte, Sardinenbrötchen, Lebkuchen und zweimal Schaschlik.

Danach hat er sich hinter dem Glühweinstand übergeben müssen, was den Georg zu der Bemerkung veranlaßt hat, daß es sich beim Helmut wahrscheinlich um einen Sternlasspeier handelt. „Und wäi er dou hindn rumgschbeid hodd", sagte der Georg jetzt am Gericht, „is a Moo vuur an die Thekn ganger und hodd den seine fimbf Gliiwein schäi vorsichdich in däi Belzmidzn neigschidd."

Die Spannung war groß, wie der Helmut wieder zurückkam, und erwartungsgemäß die Pelzmütze packte und sie sich in einem eleganten Schwung über den Kopf stülpte. „In erschdn Momend", erinnerte er sich an die Hitzewelle zurück, „hobbi gmaand, i bin mid mein Kubf innern Fagglzuuch neikummer odder in die Müllverbrennung. Und nou is mer däi haaße Bräih iibers Gsichd gloffn und in Hemmerdgroong nei. Und nou hobbi hald den Moo neeber mir a Gscheide am Baggn naafg'haud. Walli gmaand hob, der hodd mer sein Gliiwein iibern Kubf driibergschidd."

Nach der weihnachtlichen Rauferei wurde aber nicht der verprügelte Georg, sondern der Helmut ins Krankenhaus eingeliefert. Weil man ihn wegen der blutroten Glühweinspuren im Gesicht für lebensgefährlich kopfverletzt hielt. Inzwischen hat es aber geklärt werden können und der Helmut wurde wegen Körperverletzung zu einer Geldstrafe von zweitausend Mark verurteilt.

„Sei frouh", gab ihm der Georg nach dem Urteil noch mit auf den Weg, „dass der der Gliiwein ner blous ins Gsichd und in Hals gloffn is. Wall sunsd häddsd edzer a Gliiwirmla in der Huusn."

# Der verstärkte Rasenmäher

Der Konrad hat ein Wochenendgrundstück im Süden der Stadt, das er schon vor einigen Jahren als idyllische Oase erstand, aber inzwischen handelt es sich von der Geräuschentwicklung her gesehen mehr um die Start- und Landebahn vom Frankfurter Flughafen. Für die dazugehörigen Triebwerke und das ewige Lied der Luftkorridore sorgt speziell in den Sommermonaten der Erwin, der direkt neben dem Konrad wohnt und seinen englischen Rasen Tag und Nacht wie eine Erbtante pflegt.

„Geecher den sein Rasnmäher", sagt der Konrad auf der Anklagebank, „is a Jumbo-Dschädd a Libelln am Dudzndeich, Herr Richder. Dou maansd, der hodd an sein Modor eggsdra nu an Laudschbrecher hiibaud. Dou verschdäid nedd amol mei Frau ihr eings Wordd – und des will fei wos haasn!"

Ein paar nachbarliche Vorsprachen wegen des unerträglichen Geräuschpegels endeten mit dem unmißverständlichen Bescheid, daß es den Konrad nichts angeht, wie oft, wann und wie laut der Erwin seinen Rasen mäht und daß er sich halt gegebenenfalls von der Stadt Nürnberg einen dieser bewährten Lärmschutzwälle bauen lassen soll.

Also ist der Konrad zur Selbsthilfe geschritten. „Des woor nachds ummer zwaa ungefähr", erinnerte sich der Erwin, „dou is dereggd vuur mein Schloofzimmerfensder es Inferno ausbrochn, Herr Richder. Mei Frau hodd an Nervenzusammenbruch gräichd, daß haid nu dauernd middi Aung zwingerd, und iich hob vier Wochn aff Kur gmäißd dernooch." Von der Frequenz her hat sich der Höllenlärm genau so wie dem Erwin sein Rasenmäher angehört, gegen die Lautstärke hätte sich aber jedes Rock-Festival beschämt verstecken müssen.

„Ich bin nou soforrd nausgrennd", sagte der Erwin, „dassi den Doldi derwisch, wou middn in der Nachd sein Rasnmäher laafn lässd. Obber dou wor kanner." Im Schlafanzug und mit der Taschenlampe in der Hand rannte der Erwin durch die Siedlung von Haus zu Haus und von Grundstück zu Grundstück, es wimmerte und schepperte, wie wenn am Norisring aus versehen Star-Fighter statt Auto ein Rennen veranstalten, nur die Lärmquelle suchte der pressante Nachtgieker lange Zeit vergeblich.

„Obber nou", sagte der Erwin, „wäi iich widder ins Haus neigwolld hob und die Bollizei ooruufn, dou hobbis nou gmergd. Aus der Heggn is des Gwerch rauskummer. Und wäi iich nou midder Lambn neiglaichd hob, schdenger dou zwaa Drimmer Verschdärger, Herr Richder. Und derhinder hoggd mei sauberer Herr Nachbar und drehd annern Radio rum."

Bei der polizeilichen Vernehmung stellte sich heraus, daß der Konrad dem Erwin seinen Rasenmäher auf Kassette aufgenommen und die kleine Schlachtmusik stereo ablaufen lassen hat. Für die Ruhestörung muß der Konrad eine Geldstrafe von dreihundertfünfzig Mark zahlen. „Des Geld gräigsd leichd widder rei", sagte der Erwin zu seinem Prozeßgegner, „wennsd vo dera Kasseddn a Langschbill-Bladdn rausbringsd. Und in die Hidd-Barade vo der neuen Deutschn Welle kummsd vielleichd aa mid nei."

# Volkslieder
# zur Gießkanne

Der Heinz, der Manfred, der Max und der Karl sind vier Kumpel, die sich einmal in der Woche zur Pflege ihres Feuchtgebietes in der Gurgel treffen und in den seltensten Fällen ihr Wirtshaus im gleichen Zustand verlassen, wie sie es betreten haben. Jetzt ist der vehemente Stammtisch aktenkundig geworden und zwar an dem Abend, wo der Karl wegen seiner Geburtstagsfeier im Familienkreis nicht teilnehmen hat können.

Vor Gericht sind der Heinz, der Manfred und der Max gestanden und haben sich wegen Ruhestörung, Körperverletzung und Widerstand gegen die Staatsgewalt verantworten müssen. „Des woor", sagte der Heinz, „alles a weng ungligglich. Mir hom nemli beschlossn ghabd, daß mehr in Dschaarli zon Gebozzdooch derhamm a Schdänderla singer.

A weng wos neigschidd hommer ja aa scho ghabd und nou hommer in Zabo, wo der Dschaarli wohnd, die Schdrass verwechsld. "

Mitten in der Nacht wurde also ein Herr namens Friedrich mit einem furchterregenden Gebrüll aus dem Garten vorm Haus geweckt. „Schdenger dou", erinnerte sich der Friedrich, „fräih ummer halberdreier drei Mann middn in mein Rosnbeed drinner und singer ‚Hoch soll er leben' und nou nu Hebbi Kerschbläih, odder wäi des hassd. Und nou hobbi sofodd die Bollizei oogruufn. "

Bis zum Eintreffen der Funkstreife war aber noch ein bißchen Zeit, in der die drei Sangesbrüder zum philharmonischen Orchester wurden. Der Heinz blieb beim Singen, der Manfred nahm einen alten Marmeladeimer als Trommel und der Max benützte eine Gießkanne als Verstärker. So hörte man früh um drei in der Vorstadt das schöne Volkslied „Der Mond ist aufgegangen" mit Chor und Orchester, dann noch „Am Brunnen vor dem Tore" und „In einem Polenstädtchen" alle acht Verse.

Beim letzten Vers kam die Polizei, aber der tapfere Gesangsverein gab noch nicht auf. Wie sie nach einem kleinen Handgemenge alle drei abgeführt worden sind, haben sie beim Abmarsch noch „Muß i denn, muß i denn beim Städtele hinaus" geschmettert und bei der Abfahrt mit dem Polizeiauto „Hoch auf dem gelben Wagen, sitz ich beim Schwager vorn". Leider waren bei dem ansonsten vorzüglichen Open-Air-Konzert der Friedrich leicht am Kopf verletzt und zwei Polizeibeamte tätlich angegriffen worden.

Die ziemlich vielen Promille der drei Heinos wurden rabattmäßig verarbeitet und es machte für den Heinz zwei Monate auf Bewährung, für den Manfred zweieinhalbtausend Mark und für den Max fünfzehnhundert Mark. „Normool", sagte der Heinz zu seinen zwei Chor-Kollegen, „mäißerd mer si edzer herschdelln und singer ‚Ade nun zur guten Nacht', obber wohrscheins wills widder kanner heern. "

# Der Hechtsprung

Eigentlich sind Angler sehr friedfertige Menschen, die innere Ruhe auf Lebenszeit gepachtet haben. Auch der Max ist so ein Naturwunder. Im vergangenen Herbst hat es ihn aber doch geschmissen. An einem der letzten lauwarmen Sonntage des Jahres ist der Petri-Heil-Praktiker in seinem Revier am Ludwigskanal im Schilf auf der Lauer gestanden und außer den Schnaken hat überhaupt nichts gebissen.

„Normool", sagte der Max jetzt am Amtsgericht, „gäih i am Sunndooch gornedd naus zon Fischn. Weecher die Laid. Dou is in ganzn Dooch asuu a Draraa, dassd maansd, du schdäihsd am Blärrer und anglsd in an Gully". An diesem Sonntag ist dem Max bereits ein Radler über seine zweite Angel gefahren, ein Dackel hatte genau über seinem Vesperkorb das Bein gehoben und ungefähr zwanzigmal hat er sich den bekannten Witz anhören müssen von den Würmern, die am Angelhaken das Brustschwimmen lernen.

Am späten Nachmittag ist es glücklicherweise ruhiger geworden und auf einmal ist am Max seiner Angel ein riesiger Hecht aufgetaucht. Und in dem Moment, wo das Ungeheuer den Köder und den Haken schnappen hat wollen, schreit dem Max jemand von hinten ins Ohr: „No Masder, demmer a weng Reegnwirmer bodn?" Der lustige Fragesteller war der Georg, er mußte noch lang und laut über seinen prima Witz lachen. Wegen des Gelächters hatte es sich der Hecht aber anders überlegt und ist verschwunden.

„Braggdisch", sagte der Max, „hodder scho an der Schnur zabbld. Iich hobbder eine Woud ghabd, Herr Richder, eine Woud hobder iich ghabd – und nou hobbi den Moo am Groong baggd und hob nern in Kanool neigschmissn. "

Das wäre, meinte der Georg, noch gar nicht das Schlimmste gewesen, weil ihm das Wasser zunächst nur bis zum Knie gegangen ist. Der Max wollte den Störenfried aber besser büßen lassen und jedesmal, wenn der Georg durchs Schilf ans Ufer gekrabbelt ist, hat ihn der Max mit einem Stock wieder ins Wasser getrieben.

„Ich bin nou", sagte der Georg, „middi ganzn Glaader, middi Schouh und mein Mandl in der Middn vom Kanool gschwummer und nou aff die andere Seidn niiber. Und nou isser ba der Schlaisn iibers Briggler grennd und hodd mi widder mid den Gnibbl affn Kubf naafghaud. "

Vier oder fünfmal hat der Georg teils schwimmend, teils bis zum Bauch im Schlamm watend, den Kanal überquert und hat nicht landen können. Erst als zwei Radler kamen und der Georg laut um Hilfe gurgelte, war die Seeschlacht beendet.

Weil der Max nicht vorbestraft war, hielt das Gericht eine Geldstrafe von neunhundert Mark für ausreichend . . . „Seid den Zwischnfall", sagte der Georg danach noch zu seinem Prozeßgegner, „hobbi edzer bam Wandern immer a Boodhuusn drunder oo. "

# Liebeslohn:
# Ein heißer
# Pfannkuchen

Wenn sie ein paar Mark Aufstiegsprämie braucht, dann inseriert die Margot hin und wieder in der Zeitung, daß sie gutsituierten Herren zur Verfügung liegt und sogar Hausbesuche macht wie ein Doktor. Zum Fiebermessen, nur an einer anderen Stelle. Um so einen Hausbesuch ist es jetzt am Amtsgericht gegangen. Statt einer Prämie hat die Margot damals im Februar Schelln gefaßt, wie noch nie in ihrem Leben und eine schmerzhafte Brandwunde.

„Des woor oomds suu ummer Sechser rum", erinnerte sich die Gewerbereisende, „dou rufd mi anner oo und frouchd, obbi nedd nu aff a halbs Schdindla vobbei kummer kennd. Er wohnd in Langwasser, hodder gsachd und es gfallerdn, wenni undern Mandl nix oozäing dääd. I hob gsachd, daß des an Fuchzger mehr kosd, und er hodd gsachd, daß Geld keine Rolle schbilld. Dou hobbi mi nerdirli glei ins Daxi g'hoggd und bin nach Langwasser nausgfoorn. Naggerd underm Mandl."

39

Kurze Zeit später läutet es beim Ludwig an der Tür und wie der bereits seit einem Jahr pensionierte Ruheständler öffnete, wäre ihm vor Schreck beinahe das Herz stillgestanden. „Iich bin grood", sagte er als Zeuge vor Gericht, „vuurn Fernseh a weng eigschloofn gween. Dou hobbi zeerschd gmaand, i hob an Albdraum, Herr Richder. Schdäid dou des Frollein vuur der Diir, machd ihrn Mandl aaf und is schbliddernaggerd. Nou is glei reigrumbld und hodd gsachd ‚No Vadder, wou mach mers denn?' Und in den Aungbligg is mei Frau aus der Kichn kummer."

Die Maria, die Gattin vom Ludwig, sah die so gut wie nackte Margot, ihren tiefrot angelaufenen Ehemann und glaubte nicht an einen Alptraum. „Ich hob grood Bfannerkoung baggn", sagt sie, „wäi iich drausn im Gang wos heer, vo zwaahundert Marg und vom Sofa. Erschd hobbi gmaand, der Grichtsvollzieher is dou, Herr Richder. Und nou schdäid aff amol däi naggerde Schnalln vuur mir mid mein Aldn."

Unglücklicherweise hatte die Maria noch die Pfanne mit einem noch nicht ganz fertigen Pfannkuchen in der Hand und nach einer kurzen Schrecksekunde hing der Margot der halbfertige, heiße Teig wie ein verrutschtes Kopftuch im Gesicht. Ob sie die Pfanne danach auch noch als Waffe benutzt habe, wollte der Herr Amtsgerichtsrat wissen. „Jaa maaner Sie vielleichd", wütete die Maria, „i hob dera Schiggsn nu a weng an Zugger iibern Bfannerkoung gschdraid? Fraali hobbi midder Bfanner hiig'haud. Zerschd hobbis mein Aldn iibern Kubf zuung und nou den Weibsbild, dassd gmaand hosd, die Kerchgloggn laidn."

Der Ludwig schwor Stein und Gichtbein, daß er die Margot nicht angerufen hat und daß es wahrscheinlich eine Gaudi von seinen Kartelbrüdern war. Aber er hat es noch nicht ermitteln können. Die Gaudi kostete jedenfalls der Marie wegen Körperverletzung eine Geldstrafe von fast tausend Mark. „Um das Geld", sagte die Margot mehr für sich, „hädd mers zu dridd aa machn kenner."

# Der Park-Platzhirsch

Am Hauptmarkt sind die Parkplätze bekanntlich fast so selten wie ein Sechser im Lotto, und man muß bei der Suche nach so einem Freiraum stahlharte Nervenstränge haben. Der Otto hat an einem pressanten Montag früh in dem heiß umkämpften Revier damals fast eine halbe Stunde eine Ehrenrunde nach der anderen gedreht und ist bereits mit einem Blutdruck ausgestattet gewesen, daß man ihn ohne weiteres auch zur Energiegewinnung an die Hochspannung hätte anschließen können. Kurz vor seiner endgültigen Auflösung in wertvolle Kilowattstunden ist aber ein Parkplatz freigeworden, dem Otto sein Kreislauf hat sich wieder stabilisiert, und da ist um Zehntelsekunden schneller eine Dame namens Irmgard mit ihrem Auto von der anderen Seite her in das begehrte Zehnerlas-Grundstück eingeschert.

Alles Bitten und Betteln vom Otto um einen Rückzug und auch das höflich vorgetragene Angebot auf zwei bis drei Trümmer Schelln haben leider nichts gefruchtet. Die Irmgard hat fröhlich pfeifend ihr Auto abgesperrt und ist mit einer hämischen Lachfalte im Gesicht am Otto vorbei in Richtung Lorenzkirche geschlendert. „Wenns nedd suu dreggerd grinsd hädd", sagte der Herr Angeklagte jetzt am Gericht, „nou häddi mi vielleichd nu zammreißn kenner. Obber suu hobbis hald wergli nemmer baggd, Herr Richder."

Der Otto rumpelte in sein Auto zurück, zerrte sein gesamtes verfügbares Werkzeug ins Freie und stürzte sich wutentbrannt in die Arbeit. Eine Stunde später war die Irmgard von ihrem kurzen Einkaufsbummel wieder zurückgekehrt und sah schon von weitem eine größere Menschenmenge um ihr Auto versammelt. „Wäi i hiigrennd kummer bin", sagte sie jetzt, „isser grood bam Abmondiern vom värddn Reifn gween. Die andern drei sin scho middn aff der Schdrass gleeng. Und nou hodz an Schlooch dou und der ledzde Reifn is aa fordd gwesn. Nou hodder in aller Ruhe sein Woongheber runderdreed, hodd sei Wergzeich eibaggd und hodd gsachd, dassi nedd vergessn soll, die nexdn värzza Dooch alle halbe Schdund zwanzig Pfennig in die Barguhr zon Neischmeißn. Und nou isser forddgefoorn."

Neben den vier Reifen fehlten an der Irmgard ihrem nicht mehr fahrbaren Restposten noch die Scheibenwischer, das vordere Nummernschild, die Antenne und der Tankdeckel. Die hinterfotzige Demontage bewertete das hohe Gericht als Sachbeschädigung und bat den Otto um eine baldige Überweisung von fünfzehnhundert Mark. „Um das Geld", mekkerte die Irmgard ihrem Expreß-Mechaniker nach, „häsd wohrscheins a boor Johr lang im Barghaus bargn kenner."

# Autogen geschweißt

Der Franz ist so ein privater Freund und Helfer, der der festen Überzeugung ist, daß die Zettelschreiber von der Polizei überfordert sind und von ihm möglichst Tag und Nacht unterstützt werden müssen. Die Nachbarschaft von dem Hobby-Sheriff schätzt die Fleißarbeit überhaupt nicht, weil fast keine Woche vergeht, wo nicht ein paar von ihnen vom Franz eine Anzeige wegen Falsch-Parken, zu lautem Türschlagen, Hupen oder anderer Schwerverbrechen kriegen.

Man hat dem Reserve-Kriminaler schon in den Briefkasten gepinkelt und auf sein Küchenfenster nachts mit einer Spraydose den schönen fränkischen Vornamen „Dreegsau" geschrieben. Aber die Einschüchterungsversuche nützten nichts. Jeweils nach solchen Attentaten schnellten die Anzeigen sprunghaft in die Höhe.

Beim letzten Versuch, dem Herrn Blockwart eins auszuwischen, hat der Franz aber den Täter erkannt, und jetzt ist der Konrad vor Gericht gestanden. In jener Nacht hatte der Franz sein Auto nicht in die Garage, sondern vorm Haus am Gehsteig geparkt und kurz nach Mitternacht ist er einem ungewöhnlichen Wetter-Phänomen auf die Spur gekommen: Mitten im Januar hat es draußen auf der Straße geblitzt wie bei einem Gewitter.

„Normool", sagte der Zeuge der Anklage, „wäri in mein Bedd liing bliim, wall a Windergwidder hobbi scho efders erlebd. Obber nou is mer aafgfalln, daß ibberhabbs nedd dunnerd und nou hobbi nerdirli zon Fensder nausgschaud." Da sah der Franz gerade noch, wie sich eine Person, die zweifelsfrei der Konrad war, mit einem großen Werkzeugkasten ins Haus schlich. Und die geheimnisvollen Blitze waren sofort beendet.

„Fräih", berichtete der Franz weiter, „fräih binni nou zu mein Audo noo und hob in die Ärwerd foorn wolln. Nou gäid die Diir nedd aaf. Hobbi mer dengd, däi is zougfruurn, und hob aff der andern Seidn browierd – is aa nedd ganger." Auch daß dem Franz sein Auto vier Türen und noch einen Kofferraum hatte, erwies sich nicht als hilfreich – so sehr der Herr Hilfspolizist auch rüttelte und schüttelte, es rührte sich nichts. „Und nou", sagte der Franz, „nou hobbis aff aamol gmergd! Mei ganz Audo woor vo vorn bis hind zougschweißd! Sugoor am Kofferraum und ummern Kühler rum hodder a Drimmer Blech hiigschweißd g'habd. Und nou ist mer aa a Lichd aafganger, wou des Windergwidder herkummer is – des wor den Verbrecher sei Schweißgeräd!"

Der Konrad gab das nächtliche Schweißen zu und wurde wegen dem Totalschaden vom Franz seinem nicht mehr fahrbaren Vakuum zu einer Geldstrafe von dreitausend Mark verurteilt. „Iich wass goornedd, wo der hodd", fragte sich der Konrad nach der Verhandlung, „wall wenner edzer widder aff Pollizei-Badrullje gäid, nou konner sei Audo doch als Panzerschbähwoong benidzn!"

# Der Geisterfahrer am Burgberg

Normalerweise gehört der Otto in einen Vogelkäfig, weil er erstens ein Sumpfhuhn ist, zweitens ein Schluckspecht und drittens ein Pechvogel. Schon dreimal hat die Polizei den Herrn Promillowitsch erwischt, wie sein Auto ihn irgendwie heimgefahren hat, und jetzt ist er zum vierten Mal vor Gericht gewesen.

Ohne Führerschein, aber dafür mit einem sehr gepflegten Vollrausch ausgerüstet, soll der Otto in der Nacht auf einen Sonntag auf ziemlich freier Strecke ein unübersehbares Hindernis gerammt haben, nämlich das Rathaus vom Herrn Oberbürgermeister persönlich.

Der Otto erklärte aber dem Herrn Amtsgerichtsrat, daß es sich um einen Justiz-Irrtum dreht: Er müßte nämlich statt einer Strafe eine Lebensrettungsmedaille und eine kleine Geldprämie kriegen. „Es is asuu", erklärte er diese Forderung, „daß iich seid meiner ledzdn Verhandlung keinen Audolenker mehr oogfassd hob. Wemmer in die Schdadd genger, nou fäärd mi immer der Gerch, wall den sein Schein homs nunni zwiggd, und wenn alle Schdrigge reißn, nou is der Heiner ja nu derbei."

In dieser Besetzung sind sie auch in jener Nacht unterwegs gewesen, wo die Polizei aber eindeutig den Otto am Lenkrad erwischt hat. „Des is suu kummer", sagte er, „daß der Gerch, der wou gfoorn is, am Burchberch oog'haldn hood, waller gschwind an glann Drugg in der Huusn g'habd hodd. Der schdelld also es Audo am Randschdaa hii, der Heiner hodd neemdroo a glanns Niggerla gmachd und iich bin vorschrifdsmäßich hindn drinner g'hoggd."

In dem Moment aber, wo der Gerch am Gehsteig begann, seinen Druck zu mildern, löste sich die Handbremse von der bekannten Geisterhand und das Auto setzte sich infolge des Gesetzes von der schiefen Ebene in Bewegung. „Dou woor fiir miich", sagte der Otto, „nerdirli Alarmschduufe eins, Herr Richder. Vorna schläffd der Heiner ahnungslos und mir rasn affs Roodhaus zou. Iich – geisdesgeengwärddich wäi i bin – grabbl iiber die Lehner driiber, schrei in Heiner ins Ohr, dasser serfood aafwachn soll und nou zäichi die Handbrems! Es woor obber leider um Bruchdeile vo Sekundn zerschbeed. Obber ans is gewiis, Herr Richder – gfoorn bin nedd iich, sondern es Audo. Und der Heiner wär hunderdundbrozend durch die Windschudzscheim gfluung, wennin nedd vuurher aafgweggd hädd."

Der Herr Amtsgerichtsrat schenkte aber der sehr schön erzählten Geschichte keinen Glauben, was auch mit den leicht konträren Aussagen vom Gerch und vom Heiner zusammenhing, und verurteilte den Otto zu einer Freiheitsstrafe von neun Monaten.

„Is des" fragte der Otto mitten hinein in die Urteilsverkündigung, „ohne Gewähr". „Naa", sagte der Herr Rat, „des is mid Gewähr – abber ohne Bewährung, falls des maaner."

# Die Schlankheitskur

Angeblich steht der Paul mit den Heilkräften der Natur auf du und du, und wenn jemand in der Nachbarschaft der Puls fliegt oder die Nasenspitz blaß wird, dann stellt der Reserve-Köhnlechner stundenlang seine interessanten Diagnosen.

Bei der Maria hat der Hobby-Doktor vor zwei Monaten sogar seine Heilkunst unter Beweis stellen dürfen. Die Maria hatte unter einer starken Dreifaltigkeit gelitten, die in dem Fall nicht heilig war, sondern in Form von wuchtigen Überhängen zwischen Bauch und Doppelkinn auch von einem Korsett nicht mehr zu bändigen gewesen ist. In der ersten Sprechstunde hat der Paul sofort das volle Vertrauen seiner Patientin erworben. „Kummers morng widder vobei", hat der Paul gesagt, „nou besorchi ihna a Middl, wous in värzza Dooch suu zammgenger, daß an jeedn Gehschdeich unheimli aafbassn mäin. Sunsd fläing'S durchn Gully durch in die Kanalisazion nei."

Am anderen Tag holte sich die Maria die geheimnisvolle Radikalkur in Gestalt eines bleichen, knetgummiartigen Riegels ab. Zehn Stangen wickelte der Herr Doktor der Maria in einen Frischhaltebeutel ein, das Stück zu zwanzig Mark. „Jeedn Dooch an essn", sagte der Paul, „nou kennersersi vuurn Schbiigl hiischdelln und bam Abnehmer zouschauer. Des wirgd unheimli."

Das Wundermittel um zweihundert Mark wirkte in der Tat unheimlich – aber leider in die andere Richtung. „Nach anner Wochn", sagte die Maria vor Gericht, „hobbi mi aff die Wooch gschdelld und nou hädd mi ball der Schlooch droffn, Herr Richder. Schdadd abgnummer hobbi zeha Bfund mehr draff ghabd! Nou binni nerdirli glei niiber zu den Gsundheizabosdl und hob gsachd, dassi mid seiner Medizin zon Abnehma in a boor Wochn wohrscheinli nemmer durch die Hausdiir durchkumm. Nou hodder mer an gräißern Vuurdrooch ghaldn, wou i ka Wordd verschdandn hob, und nou hodder gsachd am Schluß, dassi die dobbelde Menge einehmer mous. Des hodd nou numol zwaahunderd Marg kosd."

Mit der zweiten Lieferung ist die Maria zu einem Chemiker gegangen, der ihr bestätigt hat, daß es sich bei den Knetgummistangen eindeutig um eine ganz normale Backhefe handelt, hundert Gramm zu zwanzig Pfennig und nicht zu zwanzig Mark. Außerdem vertrat der Wissenschaftler auch die Meinung, daß man von Hefe nicht dünner wird, höchstens dicker. Was man bei jedem Hefeteig sehr schön beobachten kann.

Der Paul wurde wegen eines Verstoßes gegen das Heilpraktikergesetz und wegen Betrugs zu sechs Monaten auf Bewährung und einer Geldbuße von zweitausend Mark verurteilt. Der Paul war danach auf seine Patientin nicht mehr sehr gut zu sprechen. „Meldn'S Ihna bald ban Bäcker", sagte der Herr Angeklagte, „dou hoogsdi ins Schaufensder nei – als Heffergniidla."

# Auf Wühlmausjagd

Jahr für Jahr muß der Leo ungefähr die Hälfte seines Schrebergarten-Ertrages an die Unterwelt abliefern. In der Kohlrabi-Kolchose treiben nämlich neben Regenwürmern und Ohrenhöhlern auch Wühlmäuse ihr Unwesen und fressen fast alles weg, was seine Durchknoblauch, der Leo, im Schweiß seiner Füße und im Frühjahr ansät. Den vergangenen Winter hat er monatelang getüftelt, gebastelt und dicke Bücher studiert und ist heuer zum Leidwesen der Nachbarschaft mit einem sehr komplexen Kampfmittel gegen die nichtsnutzigen Nager angetreten.

Gemäß dem Leo seiner wissenschaftlich fundierten Meinung gibt es nur zwei wirksame Mittel gegen Wühlmäuse: Schall und Rauch. Für den Rauch hat er ein ganzes Arsenal selbstgebauter Stinkbomben im Gartenhäuschen gelagert und für den Schall eine uralte Fliegeralarm-Sirene mit Handbetrieb renoviert. Als ersten hat es aber nicht die Wühlmäuse, sondern den Hugo im Garten nebenan erwischt.

„An an Sunndooch fräih woors", erinnerte sich der Nachbar noch ganz genau, „wäi iich mir aff meiner glann Feranda grood a Seidla Weizn eigschengd hob. Die erschdn Reddich sin grood rauskummer, die Amsln hom zwidscherd und iich will grood mein erschdn Schlugg machn – in den Momend is dou driimer der Griich ausbrochn."

Gemäß dem Hugo seinen Ausführungen ist innerhalb weniger Sekunden die ganze Gartenkolonie in einen stinkenden Nebelvorhang eingehüllt gewesen, der Himmel hat sich verfinstert, und dann ist ein Sirenengeheul ausgebrochen, daß sich der Nachbar und seine Frau unwillkürlich auf den Boden geworfen haben. „Iich hob gmaand", sagte der Hugo, ‚die Diif-Fliicher kummer. An Schogg hommer alle zwaa ghahd und die Drääner sin uns wäi a Wildbach roogloffn." „Des middi Drääner", erläuterte der Leo, „koo scho sei, walli in meine Wühlmaus-Bombn a weng a Dräänergas mid neigmischd hob. Obber des is doch ka Grund zon Aafreeng. Der Hollerfiggl, der bläide! Der soll doch frouh sei, dassi geecher die scheiß Wiilmais generalschdabsmäßich vuurgäih. Obber wohrscheins häldsi der Wiilmais als Hausdiere!"

Der Amtsrichter verbot dem Leo solche Klassifikationen wie „bläid" und „Hollerfiggl" und wollte auch über den Sinn von selbsterbauten Brand-Stinkbomben und Fliegeralarm-Sirenen bei der Wühlmaus-Bekämpfung nicht diskutieren. Zur Diskussion standen lediglich drei bis vier Schelln, mit denen der Hugo auf den Leo seinen Mäusekrieg antwortete. Die waren verboten und kosteten eine Geldstrafe von nicht ganz tausend Mark. „Schdimmd des", fragte der Hugo seinen Nachbar nach dem Urteil, „daß du immer nur Wiilmais hosd und daß däi edzer mid Schdebsl in die Ohrn und glanne Gasmasgn rumrenner?"

# Das Mißgeschick
# des Zauberers

In der Kantine von der Schreber-Kolonie war Weinfest mit einem sehr schönen Bunten Abend als Höhepunkt und als Gala-Nummer der vollrauschenden Nacht ist vom Vorstand ein Herr mit dem geheimnisvollen Namen „Doktor Mysterius" aufgerufen worden, der die Kräfte der Magie angeblich irgendwo im tibetanischen Hochland studiert hat. Am Amtsgericht hat sich jetzt herausgestellt, daß er eigentlich Konrad heißt, im Bleiweißviertel wohnt und tagsüber ein ganz normaler Versicherungsangestellter ist.

An dem Abend in der Schrebergartenkolonie ist er also verkleidet gewesen wie ein indischer Maharadscha, hat nur gebrochen Deutsch gesprochen und erklärt, daß es Dinge zwischen Himmel und Erde gibt, wo sich keine alte Sau hier in der Schreber-Kantine einen Begriff machen kann.

In der ersten Reihe ist der Erwin gesessen und hat sich um den tibetanischen Magier überhaupt nicht gekümmert. Deswegen hat sich der Konrad wahrscheinlich nicht richtig auf seine Mysterienspiele konzentrieren können und es ist beim ersten Trick ein ganzes Paket Spielkarten, statt von einer Hand in die andere, wie vom Wind verweht im Saal rumgeflogen. Der Erwin hat unheimlich brüllen müssen vor Lachen und hat geschrien: „Machd amol in Fendilador aus – ba suu an Driggs mous windschdill sei!"

Es sind dann noch zwei weitere Tricks in die Hose gegangen und danach hat der Doktor Mysterius angekündigt, daß er jetzt aus einem winzigen Zauberkasten ein riesiges Blumenmeer rauszieht und in der Kantine verteilt. „Reddich und Kohlrabi", schrie der Erwin auf die Bühne, „wärn mer läiber wäi deine gschissna Blummer."

Der Konrad ließ sich aber vorerst nicht einschüchtern und zog aus dem kleinen Kasten eine winzig gefaltete Papierblume nach der anderen und ließ sie stolz auf den Holzboden fallen, wo sie wegen ihrer scharf geschliffenen Metallspitze wie Spicker senkrecht stehen blieben. Der Erwin sagte dann ziemlich laut, daß er sich solche Speerspitzen vielleicht auch an seine Spielkarten hinmontieren soll und daß sie ihm dann bestimmt nicht mehr aus der Hand rutschen – da zischte es und auf einmal hatte der Kritiker eine Papierblume im wahrsten Sinne des Wortes hinterm Ohr stecken.

„Schdellnsersi amol des vuur", schimpfte der Erwin jetzt am Gericht, „schdeggd däi Blummer midder Schbidz genau in mein Ohr drinner, dassi ball verbloud wär. Ins Herz wenns ganger wär, nou licherdi edzer am Rochusfriedhuuf."

Vom Vorstand persönlich ist der Erwin mit seiner Blume hinterm Ohr damals in die Unfall-Klinik gefahren worden. Eine Absicht war aber dem Doktor Mysterius nicht nachzuweisen und deswegen hat ihn der Amtsgerichtsrat vom Vorwurf der Körperverletzung freigesprochen.

„Des is ja es allerledzde", meckerte das Opfer des Magiers, „wous miich bam Erler um a Haar in die Nervnglinigg eigwiesn häddn. Blous walli zum Doggder gsachd hob, dassmer in unserer Kandina a Zauberer a Blummer hinders Ohr zauberd hodd und daß edzer nemmer wechgäid!"

# Die verwechselte Luftpumpe

Noch nie in seinem Leben ist der Konrad in irgendwelche Zwielichtigkeiten verwickelt gewesen und schon gleich gar nicht in ungesetzliche Schweinereien. Deswegen hat der fast schon pensionierte Biedermann jetzt am Amtsgericht auch sein Befremden darüber ausdrücken müssen, daß er von einer Dame namens Gisela ausgerechnet wegen Erregung öffentlicher Ärgernisse angezeigt worden ist. „Ich hobs damals den Bolli scho gsachd", fegte er den Herrn Vorsitzenden von der Seite an, „daß die Wildsau in den Fall nedd iich bin, sondern jemand ganz andersch. Und wennsis genau wissn wolln, Herr Gerichtsdireggder, nou froongs amol mein Doggder odder mei Frau derham – ba mir is seid a boor Joor Feieroomd hinderm Zwiggl. Aus is, goor is, nix mehr drinna – wenn'S wissn, wossi maan?"

Der Herr mit dem angeblich blinden Hormonspiegel soll also an einem lauen Sonntagnachmittag im Herbst mit seinem Fahrrad die Wiesen zwischen Flachweiher und Silbersee durchpflügt haben und dabei in der Nähe jener Gisela und ihres italienischen Freundes Enrico geparkt haben. „Es is scho in der Dämmerung gween, Herr Richder", sagte die Gisela, „und mir hom hald a weng rumdou aff unserer Deggn. Und aff amol sichi, wäi der Moo dauernd herglodzd und nou hodder wäi a Bläider an seiner Huusn umernander dou. Der Debb hodd wohrscheins gmand, i siich nern nedd, waller hinder sein Fahrrad gschdandn is." „Den Debbn", schrie der Konrad retour, „den Debbn nehmers ewendwell sofodd zrigg! Und mid dem Umernandderdou an mein Huuserdiirla hoddsi ibberhabbs nix abgschbilld."

Der Herr Amtsgerichtsrat glättete erst die Wogen, verbat sich dann dringend die verbalen Freundlichkeiten wie Depp und Wildsau und wollte dann vom Konrad Genaueres wissen über die schnellen Handbewegungen hinterm Fahrrad.

„Häddn'S mi hald ausreedn lassn", fuhr der Konrad fort, „edzer kummds nemli endliich ans Daacheslichd, wäis wergli woor. I hob nemli in mein Hinderreifn fasd ka Lufd mehr drinner ghabd. Und nou binni dorddn ba denni zwaa abgschdiing, hob mei Lufdbumbn gnummer und hob aafbumbd. Und wenn däi des fiir wos andersch ghaldn hodd, nou soll ser si a Brilln kaafn, odder an Blindnhund."

Wegen dem Blindenhund wurde der Konrad zu einer Ordnungsstrafe von hundert Mark verdonnert. Aber dafür ist die Gisela nach einer eingehenden Befragung vom Richter und vom Staatsanwalt dann so entgegenkommend gewesen, daß der fragliche Gegenstand möglicherweise auch eine Luftpumpe gewesen sein könnte. Und weil noch so schnelle Handbewegungen an einer Luftpumpe nicht strafbar sind, wurde der Konrad schließlich freigesprochen. „Und Dangschön fiir des Komblimend", sagte der Konrad am Schluß noch zur Gisela, „dassd mein Zwedschger mid anner Lufdbumbn verwexld hosd."

## EIN BIERZELT...

...brauchen Sie mindestens, wenn Sie
die Sportschau am Samstag über eine

## VIDEOVISION-GROSSBILDLEINWAND

empfangen wollen. Da werden nämlich
der Glubb oder die SpVgg Färdd elektronisch gesplittet und sind dann
mindestens genau so groß wie der FC
Bayern München. Sie können aber auch
mit einer

## VIDEOVISION-GROSSBILDLEINWAND

aus einer Mücke einen Elefant machen
und andere Großveranstaltungen durch-
führen. Der Bildschirm ist bis zu
einhundert Quadratmeter groß. Dagegen ist Ihr Perserteppich daheim eine Briefmarke. Und elektronisch split-
ten kann man den Teppich auch nicht.
Bildschirmherr Gundolf Tippe berät
Sie über diese Weltneuheit möglicherweise noch fachmännischer als ich.
Viel Spaß beim Weiterlesen

            Ihr Klaus Schamberger

## *Dies ist eine Anzeige der*

# NÜRNBERGER
# MEDIEN TECHNIK

**Bärenschanzstr. 8 · 85oo Nürnberg**
**Telefon (0911) 26 69 10**

# Gehörnt und frisiert

Der Georg hat einen kleinen Friseur-Salon in der westlichen Vorstadt und bedient seine mehr oder weniger haarige Kundschaft nach dem alten Branchen-Prinzip, daß Klappern zum Handwerk gehört: Das Klappern von Hartgeld in der Kasse, das Klappern mit der Schere und das Klappern mit der Waffel. Sein Fundus im Unterhaltungsbereich reicht von der Intimsphäre des Nürnberger Profi-Fußballs über die Leberwerte der Stadträte bis hin zu sehr interessanten Detailkenntnissen vor allem der weiblichen Nachbarschaft.

An einem Dienstag vormittag ist der Willi im Behandlungsstuhl gesessen, ein Herr namens Alfons befand sich im Wartestand und der Herr Friseurmeister dozierte über das Thema Nummer eins. „Die Meieri", sagte er zwischen zwei Lockenwicklern, „werd gschiedn." „Is des däi", fragte der

Willi, „middi Drimmer Diddler? Däi is doch ibberhabbs nedd verheirood!" Der Georg wußte es aber besser. Daß die Frau Meier schon verheiratet ist, sagte er, daß ihren Mann niemand kennt, weil er die ganze Woche über irgendwo im Außendienst ist und daß das im wahrsten Sinn des Wortes der springende Punkt ist.

„Dou schau her", wunderte sich der Willi, „edzer hodd däi an Moo. Normool braucherd däi goor kann Moo – däi hodds ja fausddigg hinder die Ohrn." Worauf der Friseur sich in einen asthmatischen Lachanfall verwickelte und vor Freude brüllte: „Schdimmd genau – fausddigge Ohrn hodd däi under der Bluusn! Und an Orsch hodds wäi a Gaul. Drum douds aa su gern reidn!" Und dann brüllte der Georg wieder vor Lachen, daß er den Willi mit dem Haarspray statt am Kopf aus Versehen mitten im Gesicht traf.

Trotz der schönen Gaudi kam es dann aber zu keinen weiteren Enthüllungen mehr über die üppige Anatomie der Frau Meier oder ihr bewegtes Geschlechtsleben. Der Willi hat gerade noch äußern können, daß die Frau Nachbarin einen Blick hat, dem kein Reißverschluß widerstehen kann, da ist der Alfons im Friseurspiegel aufgetaucht und hat aufgeräumt.

Der Willi hat mit seinem weißen Umhang und den Lockenwicklern am Kopf wie ein Gespenst gerade noch auf die Straße flüchten können, während der Herr Figaro vom Alfons solche Schelln bezog, daß er halb ohnmächtig über dem Haarwaschbecken hing. Der Alfons hieß nämlich mit Nachnamen Meier und es handelte sich leider um den unbekannten Ehemann der Dame mit den faustdicken Ohren.

Wegen Körperverletzung und der fast kriegsmäßigen Zerstörung des Friseur-Salons wurde er zu drei Monaten auf Bewährung und einer Geldbuße von 1400 Mark verurteilt. „Wäi mer ner sou grob sei koo", zischte der Georg durch seine damals erlittene Zahnlücke, „wou iich doch den sei Frau scho a boormol wergli besdns bedient hob."

# Der zwangsweise Unkrautzupfer

Der Franz hat sein privates Knoblauchland direkt am Haus, und er hütet den garantiert unkrautfreien Gemüsegarten wie seinen Augapfel. Am liebsten hätte er sich in diesem Frühsommer telefonisch eine Hundertschaft Bereitschaftspolizei, die GSG 9 und die leitenden Herrn vom Bundeskriminalamt bestellt, weil nämlich bei der morgendlichen Inventur einmal Rettich, einmal Radieschen und dann wieder mehrere Stauden Kopfsalat gefehlt haben.

Die Polizei hatte aber keine Lust, nach dem Rettichdieb zu fahnden, und deswegen hat sich der Franz eines Nachts selber auf die Lauer gelegt und einen Herrn namens Friedrich auf frischer Tat ertappt. Jetzt sind der Dieb und der Detektiv vor Gericht gestanden, weil nach der vorläufigen Festnahme damals im Garten die Maßnahmen vom Franz noch lange nicht beendet waren. „Ich hob nern biddld und beddld", sagte der Friedrich jetzt im Zeugenstand, „dasser hald weecher däi boor Radiesla nedd glei die Bolli hulln soll. Nou hodder gsachd, dou brauchi ka Angsd hoom weecher der Bollizei und dasser des läiber selber erleedichd. Und nou hodder mi in sein Kullnkeller neigschberrd."

Damit war aber die Strafe noch nicht erledigt. Am andern Früh faßte der erstaunte Friedrich zwei Scheiben hartes Brot und einen Pfefferminztee zum Frühstück, und danach mußte der Privatgefangene Unkraut zupfen. „Iich hob nern nou", schilderte der Friedrich den weiteren Verlauf seiner Gefangenschaft, „glibb und gloor gsachd, dasser mi am Oarsch leggn soll und dassi edzer hamgäih. Die ganz Nachd woori in den sein Kullnkeller, Herr Richder, und mei Alde derhamm hood gmaand, iich dreib mi widder mid andere Weiber rum! Und nou kummder derheer und sachd, i soll Ungraud zubfn!"

Es blieb dem Friedrich aber nichts anderes übrig, weil der Franz wie ein amerikanischer Großgrundbesitzer mit einem Schrotgewehr bei Fuß auf der Terrasse gesessen ist und angedroht hat, daß er auf seinen Sklaven im Fall von Arbeitsverweigerung sofort schießt. „Sooderla", sagte der Franz, wie nach drei Stunden weit und breit kein Unkraut mehr zu sehen war, „edzer werd Groos gmääd, Freindla! Dir werri scho helfn, meine Reddich schdilln!"

Also mußte der Friedrich nach alter Väter Sitte mit der Sense noch zwei Stunden Rasen mähen, dann den Hasenstall reinigen und den Geräteschuppen frisch streichen. „Und edzer", sagte der Friedrich, „edzer kummd es allerschennsde. Wäi i nou middn Binsln ferddi woor und es ist scho finsder worn, dou schberrd mi der widder in sein Kullnkeller nei!"

Erst am andern Früh durfte der Zwangsarbeiter nach einer Tasse Pfefferminzettee wieder in die Freiheit. Für seine Selbstjustiz wurde der Franz jetzt zu einer Geldstrafe von zweitausend Mark bestraft. „Kenndi des Urdeil", sagte der Friedrich, „ewendwell schrifdli hoom, wall mei Alde glabbd mer haid nunni, dassi im Kullnkeller woor und Ungraud zubfn hob mäin."

# Die kleinsten Karpfen der Welt

Dem Robert sein Ein und Alles riecht wie ein Sardinen-weckla, hat Schuppen und glotzt noch blöder als eine Kuh. Es dreht sich um den bekannten fränkischen Karpfen, den der Robert gebacken, blau oder Müllerin Art, mit Salzkartoffeln und zerlassener Butter mehr schätzt als alles andere auf der Welt.

Heuer im Frühjahr hat der Feinschmecker beschlossen, daß er sich aus Kostengründen zum Selbstversorger verändert und hat sich im Landkreis einen Fischweiher gepachtet. Er sah bereits, wie jeden Tag völlig kostenlos ein bis zwei fette Karpfen im Netz zappeln und wie sie abends daheim wohlriechend den Schwanz über den Bratpfannenrand hängen lassen.

Zu seinem vollkommenen Glück haben dem Robert lediglich noch die Karpfen selbst gefehlt. Und da hat ihm ein flüchtiger Kumpel namens Heiner einen sehr guten Tip gegeben. Und daraufhin hat der Robert an einem Sonntag früh einen Eimer voll dunkler Brüh' gekriegt, in der sehr viel undefinierbare schwarze Punkte rumgeschwommen sind.

„Des sin", sagte der Heiner, „jabanische Schlammkarbfn. Däi brauchd mehr ibberhabbs nedd fiddern, wall däi leem nerblous vo Schlamm und Lebberi. I hob der amol zwaahunderd vo däi Viicher nei – dou gräichi nou zwaahunderd Marg vo dir."

Erst hat der Robert noch ein bißchen gezögert, aber dann hat ihm der Heiner versichert, daß die Jung-Karpfen aus Japan im Herbst mindestens das Zehnfache wert sind.

„Also", sagte der Robert jetzt am Amtsgericht, „hobbi däi jabanischn Schlammkarbfn kaffd und der Heiner hodds serfordd in mein Weiher neilaafn loun." Von da an ist der Robert jeden Tag zu seinem Fischweiher gefahren und hat die Karpfen beim Wachsen beobachten wollen.

„Obber", sagte er, „iich hob nix gseeng. Im Juni binni nou midder Daucherbrilln und in Schnorchl vo mein Boum in Weiher nei und hob alles abgsouchd under Wasser. Nerblous an Fiisch hobbi kann gseeng. Obber am Ufer hobbis nou gmergd, wos in den sein Aamerla drinner woor – dou sin nemli hunderde vo Kalchwabbn rumgschwummer. Hod der Verbrecher mir fiir zwaahunderd Marg Kalchwabbn verkaffd!"

Dem des Fränkischen nicht mächtige Amtsrichter wurde erklärt, daß es sich bei den „Kalchwabbn" um Kaulquappen handelt.

Im Sommer hatte der Robert deshalb zwar die stolze Zahl von zweihundert Fröschen, aber keinen einzigen Karpfen. Und der Heiner, der seinen leider unbekannten japanischen Groß-händler für den Irrtum verantwortlich machen wollte, wurde zu einer Geldstrafe von 700 Mark verurteilt. „Banierde Frosch-Schenkerla", wollte der Kaulquappen-Händler den Robert trösten, „sin obber doch aa wos Gouds."

# Gute Beziehungen

Der Walter hat einen guten Freund, der heißt Heiner und ist bei der Polizei. „Dou wenni mid fimbf Bromill middn Audo foor", hatte sich der Walter unter Zeugen mit seinen guten Beziehungen gebrüstet, „und vo der Schmier derwischd wer, nou basierd mer ibberhabs nix. Wall, dou soochis in Heiner und nou gräichi serfodd mein Schein widder."

Wahrscheinlich ist das dem Heiner zu Ohren gekommen, und ein paar Tage danach trafen die beiden angeblichen Intim-Freunde dienstlich aufeinander. Der Walter ist abends fröhlich von ein paar Überstunden heimgefahren, doch kurz vor der Heimat ist er von einer Streife aufgehalten worden. „Foorzeuchkondrolle", sagte der Beamte zum Walter, „Ihre Babiere biddschön und schdeing S' amol aus!"

„Bläider Hund, bläider", sagte der Walter, denn bei dem Beamten handelte es sich um den Heiner, „lou mer mein Rouh – iich mous ham, wall es Essen schdäid scho am Diisch, gell. Servus dann und an schäiner Diensd nu!"

Der Herr Polizist nahm einen Block aus der Tasche und vermeldete eine Spur lauter: „I hob gsachd Foorzeuchkondrolle! und edzer schdeing S' aus und geemer Ihre Babiere."

„Rimbfiech, saudumms", antwortete der Walter höflich und überreichte dem Polizist die Rolle Klopapier von der Hutablage, „dou hosd a boor Babiere. Andere hobbi kanne derbei."

Der Heiner notierte sich ein paar Stichpunkte auf seinem Schreibblock und bat dann um die Personalien von seinem Kumpel. „Du bisder vielleichd a Haumzwigger", schrie der Walter, „du wassd doch, wäi iich hass, odder nedd? Willsd vielleichd mei Schougräiß und mei Houdnummer aa nu und wäivill Bfund dassi haid fräih gschissn hob, du Bauernsau, du gschrubbde!"

Der Heiner machte sich wieder Notizen und bat dann den Walter, Blinker, Hupe und Fernlicht zu betätigen. „Affnoorsch", sagte der Walter, „dou schausd amol am Himml naaf, wäi die Schdernla blinkern und affn Mond sei schäins Fernlichd, Graizdunnerwedder nu amol nei. Und nou konnsd mi mid deiner Foorzaichkondrolle ganz schäi am Oorsch leggn. Wenns der vielleichd langweilich is, nou kondrolliersd hald dein Schdreifnwoong. Wall iich foor edzer hamm, dassd bescheid wassd."

Während der Heiner noch einmal Notizen machte, gab der Walter Gas und entfernte sich vom Tatort. Fünf Minuten später war er von vier Streifenwagen umzingelt, und jetzt am Amtsgericht las der Heiner von seinem Notizblock alle Beleidigungen vom „Bläidn Hund" bis zum „Haumzwigger" langsam vor, erläuterte die fehlenden Papiere und die Fahrerflucht und es kostete dem Walter 1200 Mark sowie einen Führerscheinentzug auf sechs Monate.

# Der Stier von Zabo

Der Karlheinz ist wegen seiner zahlreichen Affären und Abenteuer weit über die Grenzen der Vorstadt hinaus als Stier von Zabo berühmt geworden. Die Jahre sind an dem Altersplayboy aber auch nicht spurlos vorübergegangen, und heuer im Frühling, wo eigentlich der Spargel sprießt, hat sich beim Karlheinz plötzlich der Hormonspiegel gesenkt wie ein Karpfenweiher im Herbst.

Den Notstand in der Hose hat er vertraulich einem nebenberuflichen Wunderheiler namens Jürgen mitgeteilt, und kurz danach ist die Sanierung vom Karlheinz seinem Triebleben gerichtsmassig geworden. „Des doud mer scho außerordendlich leid", sagte der Hobby-Professor jetzt auf der Anklagebank, „obber des woor hald a weng a Verwechslung. Suwos konn heizerdooch ba dera Medikamendnschwemme an jeedn Doggder bassiern!"

Der Jürgen hatte also ebenfalls vertraulich dem Möchtegern eine grüne Flasche mit einem halben Liter geheimnisvoller Flüssigkeit überreicht. „Des is", sagte der Jürgen, „es Allerbesde wos ibberhabbs gibd. Des moumer korzz derfuur eireim und zwaa Minuddn schbeeder maansd, du hosd a Beddong-Schbridzn gräichd."

Fünfundsiebzig Mark mußte der Karlheinz für das Wundermittel blechen, und eine Woche später war bereits der erste Einsatz. „Iich hob dou", sagte der Karlheinz, „bannern Danzgränzla eine Dame kennerglernd, und nou hobbis dernooch nu affer Dässla Kaffee zu mir eigloodn. Ner ja – die ganze Sache is rechd schäi gloffn."

Die Dame lag schon luftig und lustig am Sofa und der Stier von Zabo wetzte ins Badezimmer, öffnete die grüne Flasche und dann durchdrang ein markerschütternder Schrei sämtliche Gemächer. „Des hodder vielleichd brennd", erinnerte sich der Karlheinz jetzt zurück, „dassi gmaand hob, i mous die Feierwehr ooruufn. I hob scho die Zähn zammbissn, daß däi Frau im Wohnzimmer drinner nix mergd. Obber die Schmerzzn woorn der asu schdarg dassi brilld hob wäi am Schbiis."

Als dann der von Schmerzen gepeinigte Pechvogel immer noch brüllend ins Wohnzimmer rannte und einhändig den Notarzt anrufen wollte, war das Schäferstündchen geplatzt.

Bei der chemischen Nachuntersuchung stellte sich dann heraus, daß der Potenzhammer leider nicht aus einem sensationellen Wundermittel, sondern aus reinem Rasierwasser vom Feinsten und vom Schärfsten bestand. „Und vo weeng Beddong-Schbridzn", sagte der Karlheinz noch, „seid dem Zwischnfall is ba mir ibberhabbs nix mehr gloffn. Aus is, goor is, nix mehr drinner, Herr Richder. Worscheinli hodd mei Glanner ba dera Behandlung an Schogg fiirs ganze Leem gräichd!"

Der Jürgen wurde wegen Körperverletzung und Vergehens gegen das Heilmittelgesetz zu einer Geldstrafe von 2500 Mark verurteilt. „Hoffendli", sagte ein mitfühlender Prozeßbeobachter, „hoffendli", is des Rasierwasser nedd häicher gschdiing, sunsd gräichder nou vielleichd nu schdadds seiner Blousn a Brandblousn."

# Der Nachtgieker

Der Willi hat sein Wirtshaus in der Südstadt schon seit fast zwanzig Jahren und er kennt die Merkwürdigkeiten seiner Gäste, daß ihn so gut wie nichts mehr erschüttern kann. Jetzt ist der berufsmäßige Stoiker aber doch noch einmal ganz gewaltig aus seinem äußerst stabilen seelischen Gleichgewicht gebracht worden.

Verantwortlich für den Nervenschock war der Eugen, der sich an einem ganz normalen Donnerstagabend vollkommen unscheinbar in die Kneipe gedrückt hat und um ein Bier sowie ein Glas Wasser vorstellig geworden ist. „Und nou", sagt der Willi jetzt am Amtsgericht, „nou hodder a grouße Diidn raus und hodd immer wos undern Diisch nundergschdreid. Und derbei hobbi g'heerd, wäi er gsachd hodd, ‚Da Gerch, dou is dei Veschber'. I hob mi nou a weng gwunderd, worum der Gerch dou undern Diisch drundn hoggd. Obber nou is a gräißere Beschdellung gween und i bin widder drüber wech kummer. "

Nach einer weiteren Viertelstunde aber hat es den Willi gerissen, daß er im Fall eines Anzapfversuches keinen Tropfen Blut gegeben hätte. „Douder des", sagte er, „aff aamol einen Schrei, wäi wenns an middn Messer abgschdochn häddn. Und glei dernooch numol. Des hodd genau so dou, wäi wenn am Bauernhuuf fräih ummer fimbfer der Gieker schreid. "

Die vorläufig noch undefinierbaren Schreie kamen eindeutig unter dem Tisch vom Eugen vor. Und der Herr Nachbar hatte sich auch hinuntergebeugt und flehentlich gerufen: „Gerch, hald dei Maul. Sei ruich, Gerch, sunsd fläing mer naus. "

Also schritt der Willi sofort ein, krabbelte unter den Tisch – und erschrak zu Tod. „Hoggder dou", sagte er, „wahrhafdich ein Drimmer Goggl drundn und bissi mi verschaud hob, hodder mer es ganze Gsichd zergradzd, dassi bloud hob wäi a Sau. Nou hobbi den Gieker nerdirli anne am Kubf naafg'haud und derfiir hobbi nou vo den Moo vo hindn an Oorschdriid gräichd. "

Nach der Auseinandersetzung ergab sich folgende Situation: Der Willi blutete im Gesicht und hatte blaue Flecken am Hintern, während der Eugen seinen Gockel namens Gerch an der Leine nahm, die große Tüte mit Hühnerfutter einpackte und das Lokal ohne zu zahlen verließ. „Iich hob doch", sagte der Willi jetzt noch, „i hob doch a Werzhaus und kann Hennerschdall – also suwos is mer mei ganz Leem nunni bassierd!"

Der Eugen wurde also wegen der Zechprellerei und den verschiedenen Mißhandlungen zu einer Geldstrafe von sechshundert Mark verurteilt. „Nachds innern Werzhaus a Giiker", stellte ein sachkundiger Zuhörer danach fest, „des werd woorscheins der Nachdgiiker gween sei. "

# Verkehrserziehung mit dem Hinterteil

Für den Konrad bräuchte es eigentlich keine Straßen geben und schon gleich gar keine Autobahnen, weil für die Geschwindigkeit, die der Sonntagsfahrer bevorzugt, eine Kriechspur vollkommen ausreicht.

Im Tempo eines von Hand gezogenen Leiterwagens ist der Konrad auch an einem verkehrsreichen Freitagnachmittag heuer durch die Innenstadt gekrochen und neben einer kilometerlangen Autoschlange sind hinter ihm in einem offenen Cabrio die drei Damen namens Sissi, Renate und Heidi gefahren. „Däi homs scheinds", sagte der Konrad jetzt am Gericht, „zimmli eilich g'habd, däi drei Weiber, walls dauernd aff die Hubbn driggd hom und aafblend middi Lambn."

Nach einer längeren Wartezeit ist es dem ungeduldigen Damen-Trio dann aber doch gelungen, den Spazierfahrer zu überholen. Und dann hätte den Konrad beinahe der Schlag getroffen. „Des mäinsersi amol vuurschdelln, Herr Richder", schimpfte der Zeuge der Anklage, „dou denner däi zerschd an schigganiern mid ihrer Huberei und ihrn saubläidn Aafblingn und nou lässders vobbei und dann schdäid doch anne vo denni Weiber aff aamol in den offner Audo aaf, doud ihrn

73

Ruug naaf, ihr Underhuusn roo und zeichd mir aldn Moo am hellichdn Dooch ihrn naggerdn Oorsch."

Er solle sich, riet ihm der Herr Amtsgerichtsrat, eventuell etwas höflicher ausdrücken in Bezug auf das Gesäß der beschuldigten Dame. „In dem Fall", sagte der Konrad, „kommer scho Oorsch soong, wall Sie soong ja ban Medzger aa nedd, daß aa Fimfdl Schweine-Gesäß wolln."

Diese Bemerkung kostete dem Konrad eine Ordnungsstrafe von 150 Mark und dann sollte er dem Gericht mitteilen, welche der drei Damen damals den Hintern gelüftet habe. „Ja des is edzer scho gscheid schwer", sagte er, „wall am Gsichd kommer ja nedd seeng, wos anne fiir an Oorsch – Entschuldigung, Gesäß hood. Dou mäißerdn si däi drei scho amol gschwind a weng auszäing, Herr Richder. Odder soong mer hald, däi zwaa, wou hindn g'hoggd sin. Wall däi, wou gfoorn is, däi konns ja nedd gween sei, gell!"

Daraufhin teilte der Herr Amtsgerichtsrat dem Konrad in aller Ruhe mit, daß er jetzt endgültig mit dem Blödeln aufhören soll. „Iich bläidl ibberhabbs nedd", meckerte der Konrad, jetzt schon sehr ungehalten, „däi solln si auszäing und nou konni soong, welche daß mer ihrn Oorsch bleggd hodd."

Der mit Spannung erwartete Strip-Tease im Gerichtssaal fand aber nicht statt. Die drei Damen bestritten jegliche Schuld, der Konrad wurde mit einer weiteren Ordnungsstrafe belegt und die Anklage wegen Beleidigung wurde nicht mehr weiter verfolgt.

Im übrigen, meinte der Anwalt der drei Damen zum Schluß, sei ja ein nackter weiblicher Hintern keinesfalls eine Beleidigung, sondern eher ein angenehmer Anblick. „Wenn", sagte der Konrad, „der Oorsch vonnern Brauereisgaul ein angenehmer Anbligg ist, dann hom'S rechd, Herr Doggder." Damit hatte sich der Konrad die dritte Ordnungsstrafe eingehandelt.

# Der Pfiffer-Polizist

Der Sigi steht mit den Pilzen im Wald praktisch auf du und du und kennt Stellen im Unterholz, wo sich die verschiedenen Umweltkatastrophen Gott sei Dank noch nicht herumgesprochen haben.

An so einer Stelle hat der Steinpilz-Indianer heuer an einem einzigen schwülen Vormittag sage und schreibe vier Pfund Pfifferlinge gefunden, was bei den Preisen für die Wald-Schleimis fast so etwas ähnliches ist wie ein Sechser im Lotto.

Lang hat sich aber der Sigi über seine sensationelle Beute nicht freuen dürfen. Am Ausgang vom Wald ist damals nämlich ein Herr namens Paul mit strenger Miene gestanden. „Moment amol, Herr Nachber", hat der Paul den Sigi angebrüllt, „wos hommern dou in den Korb drinner? Des sin ja Pfiffer! Und nu derzou Gelberla aa! Dou werd Ihna obber edzer es Lachn glei vergäih!"

Der Paul zückte einen Ausweis, entpuppte sich zur Überraschung vom Sigi als polizeilicher Pfiffer-Fahnder und konfiszierte den vierpfündigen Bodenschatz ohne mit der Wimper zu zucken.

„Wäi nern iich gfroochd hob", sagte der Sigi jetzt am Amtsgericht, „obber vielleichd a weng an Hebfer hodd, nou hodder gsachd, daß des edzer nu hunderd Marg mehr kosd weecher Beleidichung und daß im iibrichn seidn erschdn Mai es Pfiffersammln verbuudn is. Weechern Umweldschudz. Und meine Gelberla, hodder nu gsachd, däi kummer am Präsidium innern Diefkühlschrank und wern bis zur Gerichdsverhandlung aafg'huum."

Die Gerichtsverhandlung fand jetzt zwar statt, aber nicht gegen den Sigi, sondern gegen den Pilz-Polizist. Es stellte sich nämlich heraus, daß der Wald- und Wiesen-Kriminaler von eigenen Gnaden innerhalb von zwei Wochenenden eine ganze Wagenladung von Pilzen beschlagnahmt und für gutes Geld an den Einzelhandel weitergeleitet hat.

„Des schdimmd scho", sagte er zum Richter, „dassi ka Bollizisd bin. Obber ich hob doch die Laid nerblous gloor machn wolln, daß es Pfiffersammln schädlich is fiirn Wald. Und däi glaam an doch blous wos, wemmer ihna irchnd a Babier under die Noosn häld."

Die hehren Beweggründe vom Paul für seine Polizeiaktion konnte der Herr Amtsrichter aber nicht mit dem Beschlagnehmen und dem Verkauf der Pilze in Einklang bringen. Außerdem war der Angeklagte schon in ähnlicher Sache vorbestraft, weil er im letzten Jahr in einem Wirtshaus mehrere Pils vom Faß nicht bezahlt hatte. Also machte es wegen Amtsanmaßung und Diebstahl drei Monate mit Bewährung und sechshundert Mark Geldbuße.

„Den Moo", sagte ein aufmerksamer Zuhörer nach dem Urteil, „den kennd mer amol ins Volgsbood schiggn – für eine Bollizei-Aggzion geechern Fußbilz."

# Der rote
# Luftballon

Der Alfred und der Helmut schätzen und lieben sich wie zum Beispiel seinerzeit der Abel und der Kain, und es vergeht in dem Hochhaus, wo die zwei leider unter einem Dach wohnen, keine Woche ohne Streit. An den Ursprung des inzwischen schon dreijährigen Krieges kann sich niemand mehr genau erinnern, nur daran, daß der Zwist im vergangenen Jahr schon einmal aktenkundig war.

Damals hat der Alfred ein Stockwerk direkt unter dem Helmut gewohnt und es ist eines Tages auf dem unteren Balkon der Inhalt von ungefähr zehn Kehrichteimern ausgeschüttet gewesen und in einem kleinen Disput ist der Ausdruck „asoziale Dreegsau" gefallen. Es hat dem Helmut wegen Beleidigung 150 Mark gekostet.

Nach diesem Vorfall ist der Helmut vom Parterre in den achten Stock umgezogen und es ist eine Zeit lang Frieden gewesen. Bis heuer im September. „Es woor annern Suundooch Fräih", erinnert sich der Helmut, „suwos ummer fimbfer rum. Dou haud miich mei Frau ausn däifsdn Schlouf raus und schreid ,Hilfe, Moo, wach aaf, dou schaud anner zon Fensder rei!" Nou hobbi nerdili gsachd, dassern Rouh geem soll, wall mir edzer im achdn Schdogg wohner und dou konn kanner zon Fensder reischauer. "

Die verängstigte Frau Gemahlin ließ aber mit ihren Alarmrufen nicht nach, und wie sich der Helmut dann doch zum Fenster wälzte, hätte ihn um ein Haar der Herzkaschper ereilt, weil dort in der Tat ein Kopf hin und her wackelte. Beherzt federte der Helmut aber dann aus der Bettstatt, riß das Fenster auf und stand Auge in Auge einem roten Luftballon gegenüber mit der handschriftlich versehenen Mitteilung „Du blöde Sau". „I hob", sagte der Helmut jetzt am Gericht, „nerdirli serfordd gschaldn, wall für däi Gemeinheid is ja nerblous anner in Frouch kummer. Und wergli is der Lufdballong an anner Schnur droo g'hängd und däi Schnur is genau aus den feiner Herrn dou seiner Wohnung im erschdn Schduug rauskummer. "

Der Helmut reagierte blitzschnell: Im Bademantel und barfuß rannte er aus der Wohnung, rauschte mit dem Aufzug in die Tiefe und erwartete auf der Straße die von seiner Frau inzwischen alarmierte Funkstreife. Die kam aber leider erst nach zwanzig Minuten. Die Schnur ist nämlich mittlerweile abgeschnitten gewesen und man sah am Firmament nur noch einen kleinen roten Punkt. „Dou schauers naaf an Himml", schrie der Helmut den Polizeibeamten an, „dou droomer fläichd der Korfu Detektivi, odder wäi mer sachd. Bläide Sau schdäid dou draff – kennersis nu leesn?"

Man konnte es aber auf dem völlig von der Erde losgelösten Corpus delicti beim besten Willen nicht mehr lesen. Und auch der Herr Amtsgerichtsrat war nicht in der Lage, nachzuweisen, daß der Alfred auf einen gasgefüllten Luftballon „Du blöde Sau" geschrieben und ihn zum Helmut hinauf fliegen hat lassen. Also wurde der Alfred freigesprochen. „Mäisd mer hexdns", merkte der Alfred am Schluß noch an, „mid der Lufdhansa an Lokaldermin machn und a weng in die Schdraddosfähre ummernanderfläing. Vielleichd find mer nou den Lufdballong. "

# Die Schein-
# schwangerschaft

Seit der Ludwig in Pension ist, muß er daheim nicht nur abspülen und Teppich klopfen, sondern auch zweimal in der Woche im Supermarkt einkaufen. In dem Beton-Kleinod am Stadtrand ist er praktisch der stellvertretende Direktor.

Er hat sämtliche Preise auf zwei Stellen hinterm Komma im Griff, kennt alle Verkäuferinnen beim Vornamen und hält in der Cafeteria am Personaltisch oft interessante Vorträge über Verbesserungen im Management. Einkaufen tut er praktisch nur nebenbei.

An einem Freitag nachmittag ist also der heimliche Supermarkt-Chef mit seinem Einkaufswagen in der Schlange gestanden, hat nach eigenen Angaben bereits eine Dreiviertelstunde auf eine kleine Vorwärtsbewegung gewartet und hat zusätzlich die übrigen Kunden beobachtet, daß nichts passiert.

Eine Zeitlang ist alles zur Zufriedenheit vom Ludwig abgelaufen, bis er in der Schlange vor der Schnellkasse plötzlich eine Dame mit schätzungsweise zwei Zentnern Gewicht entdeckt hat. Bekanntlich darf man an der Schnellkasse nur mit höchstens zehn Artikeln im Korb anstehen, oder wenn man schwanger ist. Die Dame namens Gunda hatte ihren Einkaufswagen aber bis zum Rand gefüllt.

„Sie, Frau", sagte der Ludwig schräg von hinten zur Gunda, „Iich maan, Sie schdellnsi hald aa dou oo, wous hii g'heern, gell! Sie hom dou in halberdn Subbermargd in Ihrn Wäächala drinner und schdengern bridscherbraad an der Schnellkasse – des gäid fei nedd."

„Hald dei Maul", erwiderte die Gunda vollkommen ruhig, „wall des gäid Diich an Dreeg oo, wou ich mich hiischdell." Dann knöpfte die Dame ihren Mantel auf, schob ihre Bluse ein bißchen in die Höhe und sagte: „Wennsders genau wissn willsd – i bin schwanger. Und zwoor im sibbdn Monad. Wennsd willsd, konnsd amol hiihorng, wäis zabbld."

„Edzer", brüllte der Ludwig stark verärgert, „edzer zäingersi als erschdes widder oo und dann schauers, daß hinder genger. Mid fuchzg Joor nu schwanger – dou lachn ja die Gäns! Also Abmarsch, gnä Frau!" Gemäß der Anklageschrift marschierte die Gunda aber nicht ab.

„Des mäinsersi amol vuurschdelln, Herr Richder", beklagte sich der Ludwig jetzt am Amtsgericht, „sachd däi vuur alle Laid zu mir, dassi mid meine unsiddlichn Sauereien aafheern soll und nou baggds mi, heebd mi houch und schmeißd mi in mei Einkaufswäächerla nei. Dou woorn drei Kaddong Eier drinner, däi simmer dann an der Huus roogloffn, es Mehl is aafbladzd und die Milch ausgloffn."

Mit ihrer ganzen Kraft hat die Gunda den Ludwig mit dem Einkaufswagen dann noch in eine sorgfältig aufgebaute Pyramide mit Würstchen in Dosen geschoben.

Wegen Körperverletzung wurde sie nun zu einer Geldstrafe von siebenhundert Mark verurteilt und dann wollte der Richter noch wissen, ob sie damals wirklich schwanger war im siebten Monat und warum dann das Kind nicht bei ihren Personalien angegeben ist. „Des", sagte sie, „des wassi edzer nimmer suu genau. Obber woorscheins woors a Fehlgeburd."

*Heiko Kistner's*

# M.Edelmann

**In der Breiten Gasse 52/54**
*Buchhandlung + Antiquariat*

**In der Allersbergerstr. 60**
*Buchhandlung*

**Im Germanischen Museum**
*Kunst-Buchhandlung*

**In der Breiten Gasse 52/54**
*Verlag M. Edelmann*

# Eff Zeh Enn

Obwohl am Nürnberger Valznerweiher die Winde schon seit geraumer Zeit von allen Seiten wehen und man verschiedene Vorgänge deswegen durchaus als windig bezeichnen könnte, ist der Mopedfahrer und Alt-Rocker Gustav ein Club-Fan bis tief hinein in die Geheimfächer seiner Seele. Manche wissen nicht genau, ob der letzte Sieg vom 1. FC Nürnberg vor der Währungsreform gewesen ist oder danach, aber der Gustav weiß es, weil er anläßlich von dem 4:0 gegen Offenbach seinerzeit nach dem Spiel so etwas ähnliches wie einen altrömischen Triumphzug veranstaltet hat.

Auf seinem schwarzrot lackierten Moped ist er vom Stadion in Richtung Südstadt gefahren, die Club-Mütze tief über den Augen, eine Bohnenstange von zwei Metern Länge hinten am Genick in den Anorak gesteckt mit der Club-Fahne dran und im Takt seiner kurvenreichen Fahrweise hat er dauernd „Eff Ce Enn" geschrien.

An der Christuskirche ist er dann von der Polizei angehalten worden. „Horngs amol Masder", hat der Polizist gütlich vorgeschlagen. „I maan mid dein Breller dou schäibsd dei Mobbed läiber goor hamm, gell?" Die Antwort vom Gustav hat an Lautstärke nichts zu wünschen übrig gelassen. Er hat erst in seine alte Eisenbahner-Fanfare geblasen und dann mindestens zehnmal hintereinander „Eff Ce Enn" geplärrt.

Der Beamte ist dann etwas deutlicher geworden. Daß erstens der Gustav sein Maul halten soll, und daß er ihn zweitens jetzt wahrscheinlich einsperrt, weil er im Zickzack gefahren ist. Darauf hat der Gustav in Erinnerung an die Meisterschaft 1968 geschrien „Zick-Zack-Dschebbinagg" und dann wieder ein paarmal „Eff Ce Enn". A Rouh is edzer", hat der Polizeibeamte zurückgebrüllt, „zeich mer amol deine Babiere!"

Erst hat ihm der Gustav eine bereits entwertete Tribünenkarte zur Überprüfung gereicht und dann seinen Mitgliederausweis vom Club. Anschließend hat er wieder „Eff Ce Enn" gebrüllt. Schließlich ist es den Beamten dann doch zu blöd geworden und sie haben den Gustav im Streifenwagen abtransportiert.

Lange hat man durch das geöffnete Fenster den Gustav noch singen hören. „Aber eins, aber eins, das bleibt bestehn, der Eff Ce Enn darf niemals untergeeeeehn." Im Auto ist es dann noch zu einem kleinen Wortwechsel gekommen, bei dem der von zwei Seiten umzingelte Delinquent beiden Polizisten bestätigt hat, daß sie eine gewisse Ähnlichkeit mit dem Derwall haben. „Und der Derwall", fügte er erklärend hinzu, „schaud fiir miich wäi a Oorschluuch aus."

Also wurde der Gustav jetzt am Amtsgericht wegen Trunkenheit und Beamtenbeleidigung zu einer Geldstrafe von 1200 Mark verurteilt. „Dausndzwaahundert Märgla", sagte ein neutraler Prozeßbeobachter, „des is nedd vill. Obber Glubb-Fanadigger wern edzer alle su zahm behandeld, walls ja eine Rasse is, däi wou vom Ausschderm bedrood is."

# Der Stahlhelm
# vom Wallenstein

Den letzten Tempelmarkt in der Altstadt wird der Robert so schnell nicht vergessen. Manchmal beschleicht ihn noch ein beklemmendes Gefühl rund um den Kopf und seine Ohren sind von damals nach wie vor rot, grün und blau angelaufen.

In jener Nacht vom Freitag auf den Samstag hat der antiquarisch stark interessierte Sammler an einem Stand einen kupfernen Kessel in Form eines mittelalterlichen Nachttopfes entdeckt und sich bei dem Verkäufer nach dem Preis erkundigt.

„Suvill Geld", sagte der Friedrich vollkommen ungerührt, „hosd du in dein Leben doch goor nunni gseeng, wäi der Diigl kosd. Wall dou hoddsi scho es Germanische Nazionalmuseum derfiir indressierd, obber däi hobbi abblidzn loun."

Der Robert, der auf altes Kupfer scharf ist wie die Polizei auf Falschparker, blieb aber hartnäckig und wollte unbedingt den

Preis für den antiken Potschamber wissen. „Den Bodschamber", erwiderte der Friedrich, „nimmsd zrigg, Freind, wall
des is ka Nachddobf, sondern ein Schdaalhelm vom
Wallnschdein berseenlich, daß des gloor is, gell. "

Anschließend erklärte der historisch sehr beschlagene Friedrich den umstehenden Zuhörern und dem Robert, daß der
Feldherr Wallenstein diesen Stahlhelm aus Kupfer in der
berühmten Schlacht von Zerzabelshof im Jahr achthundert
vor Christus gegen die Kimbern und Neutronen beim Sturz
vom Pferd verloren hat, daß man ihm schon zwanzigtausend
Mark dafür geboten hat, daß er ihn aber für fünfzehnhundert
Mark hergeben würde.

„Du hosd doch an Badscher", erwiderte der Robert ruhig,
„wenn des in Wallnschdein sei Schdaalhelm is, nou bin iich in
Mardin Ludder sei Urgroußvadder. Des is a Bodschamber
und mehra wäi fuchzg Marg zooli dou aff kann Fall derfiir. "
Das war dem Friedrich dann doch eine Spur zu frech und er
machte in der strittigen Frage Nachttopf oder Stahlhelm die
Probe aufs Exempel, beziehungsweise auf den Kopf.

„Suu schnell hob iich goornedd gschaud", sagte der Robert
jetzt im Amtsgericht, „haud der mir den Kiibl iibern Kubf
driiber." Dadurch, daß der Wallenstein seinerzeit wahrscheinlich einen wesentlich kleineren Kopf hatte als die
Menschen jetzt, schürfte es dem Robert erstens die Ohren
und die Backen auf und zweitens brachte er den Kupfertopf
nicht mehr runter.

Mit dumpfer Stimme schrie er eine halbe Stunde lang um
Hilfe, bis die Feuerwehr endlich kam und den Wallenstein
seinen kostbaren Kriegszylinder mit der Blechschere auf-
schnitt.

Wegen Körperverletzung wurde der Friedrich zu einer Geld-
strafe von 700 Mark verurteilt. „Woorscheins", sagte der
Friedrich, „wärs doch gscheider gween, i hedd den Hoofn ins
Museum geem. Däi verschdenger wenigsdns wos vo Kunsd. "

# Die betrunkene Abschlepp-Seilschaft

Dem Erich sein Auto müßte eigentlich vom Städtischen Kulturamt subventioniert werden, weil es ein Fall für die Oper ist. Und zwar für die Mülloper. Das einzige, was an ihm voll funktionsfähig ist, ist der Außenspiegel und der hängt jetzt an einem Hauseck irgendwo in der Oberpfalz.

Schuld an diesem kleinen Mißgeschick war aber nicht der Erich, sondern sein Kumpel, der Otto. An einem Freitagabend ist dem Erich sein Auto wieder einmal nicht angesprungen und er hat den Otto daheim angerufen, damit er ihn abschleppt.

Man muß dazu noch wissen, daß der Otto zwar ein Nürnberger ist, aber ein schönes Stück hinter Neumarkt wohnt und der Erich in Schweinau auf den Servicewagen gewartet hat. Nach eineinhalb Stunden ist also der Otto endlich eingetroffen. Er ist von seiner Frau verständigt worden und direkt vom Stammtisch gekommen. Und auch der Erich hat sich die Wartezeit mit sieben Seidlein Bier und ein paar Schnäpsen vertrieben.

„Als erschdes", sagte der Otto jetzt am Gericht, „als erschdes hobbi mei Abschlebbseil an den sei Schdoßschdanger hiig'hängd, nou binni oogfoorn und der Erich hodd hindn unheimli laud gschriea. Und zwoor, walls die Schdouß-schdanger rausgrissn hodd."

Beim zweiten Versuch hielt das Abschleppseil prima und das war auch nötig, weil es dem Otto nämlich irgendwie entfallen war, daß er bloß bis zur nächsten Tankstelle hätte fahren sollen. „Ja, wäi des kummer is, Herr Richder", sagte der Otto, „des wassi aa nimmer. Aff jeedn Fall binni nou aff die Siidwesddangendn gfoorn und nou am schnellsdn Weech hammbredschd."

Hinten dran wunderte sich der Erich erst über die Fahrtrichtung, dann über die Gschwindigkeit und am Schluß darüber, wie weit es bis zur nächsten Tankstelle war.

„Den sei glanner Lasdwoong", sagte er, „der leffd nu ganz schäi. Mir is himmlangsd worn, wäi mir dou mid iiber Hunderd die Audobahn nausgfeechd sin. Und wäi mer nou in Richdung Reengsburch abbuung sin, nou hobbi mer scho dengd, daß mi mei Freind vergessn hood dou hinden."

Dazu hatte der Herr Amtsgerichtsrat drei Fragen: „Warum ham S' denn nedd auf die Hupn drückt?" – „Däi gäid nedd!" – „Dann hätten S' halt aufblinkt." – „Es Lichd gäid aa nedd gscheid!" – „Und vielleicht ein bißchen Bremsen?" – „Mid wos fiir anner Brems?" – „Mit der Brems, halt, Dunnerweddernumolnei!" – „Ach suu, midder Brems – ja, däi gäid aa nedd."

Bereits wieder auf der Landstraße, hinter Neumarkt, ist der Erich hinten kurz eingenickt, sofort in Schleudern gekommen und an einem Hauseck hängengeblieben. Dadurch ist auch die rasante Fahrt vom Otto stark vermindert worden. Er ist ausgestiegen und hat hinten auf einmal den Erich und sein Auto entdeckt.

Das Tandem-Fahren in die Oberpfalz kostete beiden den Führerschein auf ein Jahr und über zweitausend Mark Geldstrafe.

# Die Leiche unterm Podium

In einem Dorf im Fürther Landkreis war Kärwa, das Wetter ist durstig gewesen und der Kurt hat im Festzelt schon die fünfte Maß gehabt, wie sich zwischen ihm und der Kellnerin folgendes Zwiegespräch entwickelte:

Kurt: „Äih, Kuni, schau amol, wos mid mein Bier dou bassierd is!".

Die Kuni: „Wos fiir a Bier? Dou is doch kanns drinner!"

Der Kurt: „Soochi doch dauernd. In den Gruuch mous a Luuch sei, wou is Bier rausleffd!"

Die Kuni: „Fraali is dou a Luuch drinner – direggd am Rand oomer."

Der Kurt: „Also bring mer nu anns odder ja."

Die Kuni: „An Dreeg, Herr Lehrer! Edzer zoolsd erschd amoi däi Fimbf, wousd scho neigschidd hosd."

Der Kurt erklärte dann aber, daß er in seinem Leben noch nie etwas anderes als Freibier getrunken hat und daß er nur rein zufällig noch fünfundzwanzig Pfennig einstecken hat. „Däi konnsd ohne weideres hoom. Die Kuni verzichtete aber auf das inflationäre Trinkgeld und alarmierte ihren Chef, der kurz danach mit der Zeltwache und einem Polizisten anrückte.

„Des woor", sagte der Polizist jetzt am Amtsgericht aus, „wäi verhexd. Der hodd uns gseeng und is derfoo grennd. Nou hobbi nu gseeng, wäi er vorna ba der Musigg gscheid hiigfluung is, obber wäi iich a boor Sekundn schbeeder hiikummer bin, dou isser schburlos verschwundn gween."

Zehn Mann kämmten das Zelt durch, aber der Kurt hatte sich offensichtlich in Luft beziehungsweise in Biermarken aufgelöst. Das war am Sonntag und der zweite Teil begann am Dienstag früh beim Abbau vom Bierzelt. Wie nämlich die Bühne von den Musikern zerlegt worden ist, ist unter dem Podium eine blutverschmierte Leiche gelegen.

„Mir sin benachrichdichd worn", sagte der Polizei-Chef, „daß woorscheins ein Mord is durch Kobfschuß, wall mer sichd, daß es Bloud von Gsichd roogloffn is nunder affs Hemmerd und die Huusn". Wie dann die Polizei erschienen ist und festgestellt hat, daß es sich bei dem Toten einwandfrei um den Kurt handelt, da hat die Leiche auf einmal ganz laut gerülpst.

Dem Amtsrichter erklärte der Kurt jetzt, warum sein „Tod" nicht durch einen Kopfschuß, sondern durch Freibier eingetreten ist. „Des woor asuu", sagte er, „daß iich, wäi der Bolli kummer is, serfordd derfoogrennd bin und hob mi undern Bodium verschdeggd. Und iich hob ja außer däi fimbf Mouß Bier aa nu bam Frühschobbn elf Seidler g'habd, gell. Und nou mousi under den Bodium eigschloufn sei."

Warum er dann nicht am Montag irgendwann aufgewacht ist, fragte der Richter. „I bin scho aafgwachd", sagte der Kurt, „obber under den Bodium woors ja schduugfinsdere Nachd und nou hobbi widder weidergschloufn."

Das Verfahren wegen Zechbetrugs wurde eingestellt, weil der Kurt den Schaden inzwischen längst bezahlt hat. Und das Blut, fragte der Richter? „Des woor suu", sagte der Kurt, „daß mer iich vo mein Nachber sei Schaschligg ausgleihd hob weechern Hunger. Und bam Hiifläing is mer däi roude Schaschligg-Sooß alles ins Gsichd und iibers Hemmerd gloffn."

# Die zwei Lang-streckenschwimmer

Der Heinz hat einen Hund, den man ganz bestimmt in keinem Tierlexikon findet. Höchstens im Buch der Rekorde, weil wahrscheinlich noch nirgends auf der Welt so viele Hunde an der Entstehung eines neugeborenen Vierbeiners mitgewirkt haben.

Der Heinz liebt aber sein Naturwunder namens „Charly" abgöttisch und geht für das Vorbild des bekannten „Bunten Hundes" durch dick und dünn. An einem Sonntag im Mai ist er außer durch dick und dünn sogar noch durch naß ge-gangen.

Anläßlich eines Spazierganges über die Wöhrder Wiese hat der Charly damals einen vornehmen Herrn kurz vor der Insel Schütt ein bißchen die Sonntagshosen gelocht.

„Nou gibd der Moo", sagte der Heinz jetzt vor Gericht, „mein Dschaarly an Dridd middi Fäiß' und baggd nern und schmeißd nern in die Bengerz nei. An wehrlosn Hund, Herr Richder, dou heerd si doch alles aaf!"

Die Lebensgefahr für den Charly fing nach dem Direktflug in die Pegnitz aber erst richtig an, weil es an der Stelle des Mordversuches statt einem Ufer nur hohe Sandsteinmauern gibt.

„Der is", sagte der Heinz, „dou drundn rumgschwummer und nirchnds rauskummer und nou bin iich hald aa neig-'hubfd." Arm in Pfote suchten die zwei Pegnitz-Schwimmer eine Stelle zum Landen, aber es gab weit und breit keine.

„Nou simmer als erschdes", erinnerte sich der Heinz mit Schmerzen, „iiber des Wehr, wou dou glei kummd, driiberg-rudschd und kurz vuurn Heilich-Geisd-Schbidal simmer aff die glanne Insl draffgrabbld. Dou is droomer aff der Briggn a Moo gloffn und den hobbi gfroochd, obber mer nedd helfn kennd. Mir sin, hobbi gsachd, bis dou her gschwummer und kummer nemmer weider. Nou hodd der Moo gsachd, daß in fimbf Minuddn der nexde Bassaschierdambfer kummd und der häld an dera Insl. Nou hodder mer in Vuugl zeichd und is weider ganger."

Also mußten der Heinz und der Charly sich selber helfen: Nebeneinander schwammen die zwei unterm Heilig-Geist-Spital durch, passierten unter den erstaunten Blicken einiger Passanten die Museumsbrücke, die Fleischbrücke, die Karls-brücke und das nächste Wehr und kamen kurz vorm Ketten-steg endlich wieder ans rettende Ufer.

Eigentlich ging es aber nicht um die ungewöhnliche Fluß-fahrt, sondern mehr um die Mißhandlungen durch den Spaziergänger an der Wöhrder Wiese. Diesen hielt der Herr Amtsgerichtsrat für schuldig und verurteilte ihn wegen Tier-quälerei zu einer Geldstrafe von 200 Mark.

„Und fiir des, wos iich miidgmachd hob", wunderte sich der Heinz, „dou gibds gwiss nix exdra? Ummer Hoor wär iich nemli an der Museumsbriggn in Hochwasserschdolln nei-gschwummer. Nou hoggerd mer nedd am G'richd, sondern in der Kläranlooch – mei Dschaarli und iich!"

# Ein Rettich auf der Gunstausstellung

Der Alfons ist ein Mann, der gern zeigt, was er hat. Leider aber nicht immer im Rahmen des Strafgesetzbuches. Jetzt ist er wegen seiner gelegentlichen Gunstausstellungen knapp unter der Gürtellinie zum drittenmal schon aufs Amtsgericht eingeladen worden. Zeugin der Anklage war die Frieda, die in der Südstadt ein kleines Geschäft für Obst und Südfrüchte hat, wo der Alfons an einem schwülen Samstag früh vor der erlauchten Kundschaft unterirdische Reden gehalten haben soll. „Der hodd", erinnerte sich die Frieda, „in des Schdeicherla middi Zwedschger neiglangd und hodd gfroochd, ob däi hoffendli a weng frischer sin, wäi mei Zwedschger. Und nou hobbin obber sofodd nausgschmissn."

Eine Viertelstunde später ist aber der Alfons schon wieder im Laden erschienen. „Dou woori allaans", sagte die Frieda, „und dou hobbi nerdirli gscheid Schiss ghabd vuur den Moo. Zerschd hodder si a weng ban Schaufensder dorddn rumdriggd. Und aff amol, Herr Richder, schdäider vurn Loodndiisch, reisd ganz gschwind sei Jäggla vonander und nou woor es Huuserdiirla schberranglweid offn. Also dou mousi scho soong, Herr Richder, mid anner Gschäfdsfrau kommer suwos nedd machn!"

Der Herr Amtsgerichtsrat wollte von der entrüsteten Geschäftsfrau aber noch genauere Angaben über den Striptease haben. Nämlich, ob möglicherweise im Alfons seinem Hosenladen damals etwas zu sehen war. „Fraali", sagte die Frieda, „obber des hodd glaabi a weng a Schbässla sei solln, Herr Richder. Dou hodder nemli an vo meine Maireddich hiighaldn. Und hodd rechd bläid glachd derbei." Daß er einen Rettich als Werbeträger benützt habe, bestritt der Alfons entschieden. „Fiir miich", sagte er, „sichd däi Frau Gschbensder. Wall wennin zeign will, nou zeichin, Herr Richder, und hald kann Reddich hii. Suu ein Gschmarri, suu a bläids. Und des middi Zwedschger is aa a Mißverschdändnis gween. Iich hob nerblous gfroochd, obs frische Zwedschger hodd. Wall es gibt ja alde Bflaumer aa. Und däi moochi nedd." Und von der Öffnung des Hosentürchens wußte der Herr Angeklagte schon gleich gar nichts. „Iich hob mer an Reddich rausdou", sagte er, „und den hobbi zooln wolln. Und des Geld derfiir hobbi nedd ausn Huuserdiirla raus, sondern aus mein Boddmonee. Und weecher suwos mousd affs Grichd. Homs Sie nix andersch zum Dou?"

Für die Anfrage an das hohe Gericht zahlte der Alfons eine Ordnungsstrafe in Höhe von hundert Mark. Die Frage, ob im Hosentürchen des merkwürdigen Kunden ein Rettich zu sehen war, ein Radieschen, ein Spargel oder gar die Wirklichkeit, das war nicht eindeutig zu klären. Deswegen wurde der Alfons freigesprochen. „Normol", sagte er danach, „mäißerd iich däi Frau ja weecher Beleidichung oozeing. An Maireddich im Huuserdiirla! Wou des suu glanne Dinger sin!"

# Der hydraulische
# Maikäfer

Eigentlich ist dem Ludwig sein Herzallerliebstes ein himmel-
blauer Randsteinschleifer aus dem Haus Wolfsburg mit elf-
hundert Kubik und einem Benzinverbrauch, der jeden Feuer-
zeugbesitzer vor Neid erblassen lassen würde. In den Rauh-
nächten im Januar haben aber auf das Auto vom Ludwig
magische Kräfte eingewirkt und es ist dreimal hintereinander
in ein Flugzeug verwandelt worden. Die mysteriöse Kraft ist
der Robert gewesen, der beim Ludwig gegenüber wohnt und
mit der motorisierten Nachbarschaft schon seit längerer Zeit
auf Kriegsfuß steht.

„Also", sagte der Ludwig, „also, Herr Richder, annern
Mondooch fräih willi in mei Audo einschdeing und in die
Ärwerd foorn, obber es woor ka Audo nedd dou! Und aff der

Bollizei homs mer nou gsachd, daß mei Woong nedd gschdulln worn is, sondern abgschlebbd, walli genau vuur anner Garaasch bargd hobb und es kosd hunderdfuchzg Marg. "

Der Ludwig konnte sich aber beim besten Willen nicht erinnern, daß er ausgerechnet vor der Garage vom Robert geparkt hat. Leider ist das geheimnisvolle Flug-Auto eine Woche später laut der Auskunft eines Polizisten wieder auf der anderen Straßenseite gestanden direkt vor der Garageneinfahrt und wieder hat das Abschleppen und das Parken hundertfünfzig Mark gekostet.

Und drei Tage später war es wieder soweit: Der Ludwig hat sein Auto für hundertfünfzig Mark Auslösegeld zum drittenmal beim Abschlepper holen müssen. „Nou woors aus", berichtete der Ludwig weiter, „i woor im Kubf banander wäi wenni värzza Dooch hinderanander Karussell gfoorn wär. Und wäi iich nou an den Middwoch dou vo der Arwerd ham kummer bin, hobbi widder rechds vuur mein Haus bargd und nou hobbi mi middn Schlafsack am Hindersidz gleechd. Dassi merg, wenn mei Audo widder am andern Gehschdeich niiberfliichd. "

Ungefähr früh um drei geriet der nervenkranke Nachtwächter tatsächlich in starke Schwingungen. „Ich wach aaf", erinnerte er sich, „und sich, wäi anner vorna annera Deichsl mei Audo aff die andere Seidn zäichd. Is des mei saubera Herr Nachbar gween, Herr Richder! Mid suu an hidraulischn Wäächala vo der Audowergschdadd zäichd miich der an sei eichne Garaasch niiber! Und zeha Minuddn schbeeder wor scho der Abschlebbwoong dou. "

Wegen Vortäuschung einer Straftat und Irreführung der Behörden wurde der Robert zu einer Geldstrafe von fast zweieinhalbtausend Mark verurteilt. „Gozeidank", sagte der Ludwig am Schluß, „hoddsi des afklärd. I hob ja scho gmaand, mir homs seinerzeid bam Audohändler schdadds an Käfer an Maikäfer verkaffd. "

# Alfred, der Watschnmann

Der Alfred ist hinterm Geld her wie der Teufel hinter der armen Seele und er freut sich über jeden nebenberuflich verdienten Zwickel wie ein Schneekönig. Der Alleshändler hat unter anderem schon selbstbemalte Spatzen als sprechende Wellensittiche veräußert, in einer bekannten Nürnberger Großgaststätte als Kellner abkassiert, wo er überhaupt nicht Kellner war und als selbsternannter Lebensmittelpolizist in einer Metzgerei Bußgelder wegen einer angeblich trichinösen Stadtwurst eingetrieben.

Seine vorläufig letzte Einnahmequelle ist jetzt auch wieder vor Gericht verhandelt worden. Dieses Mal allerdings mit dem Alfred nicht als Angeklagten, sondern als Opfer. „Des woor folchendermaßen", erklärte er dem Richter, „daß der Heiner im Werzhaus mid mir die boliddische Weldlaache beschbrochn hodd und nou hodder gsachd, dasser mer weecher mein Gschmarri normool anne am Baggn naafhauer mäiserd, dassi mi dreh wäi a Danzbär."

Der Alfred erkannte sofort seine Chance und bot seine Wangen an – pro Schelln für fünf Mark. Weil der Alfred in dem Wirtshaus nicht sonderlich beliebt ist, ließ sich das Geschäft recht gut an. Man mußte fünf Mark in eine bereitgestellte Zigarrnkiste einlegen und sich dann in Reihe aufstellen.

„Als erschder", erinnerte sich der Watschnmann, „is der Heiner droo gween. Den seine zwaa Schelln sin nu halbwegs ganger. Und aa dernooch däi vom Willi hodd mer nu aushaldn kenner. Obber nou is der Franz kummer. Und i konn Ihna soong, Herr Richder, edzer wassi, wäis is, wemmer mid sein Gsichd aus Verseeng under an Bresslufdhammer kummd. Des hodder einen Schlooch dou und nou hodds gschebberd, dassi gmaand hob, mir hodds bereiz mein Kubf wechgrissn. Nou hobbi nerdirli die Fluchd ergriffn. Wall es woorn ja Schelln ausgmachd und kanne Adombombn-Abwürf." Der Franz aber bestand auf Vertragserfüllung, weil er ordnungsgemäß für seine zweite Watschen bezahlt hatte, und jagte den Alfred, ein paarmal durchs ganze Lokal.

Dabei ist der Alfred aus Versehen ins Fenster geschubst und auch sonst stark malträtiert worden. Jedenfalls hatte er sich in ärztliche Behandlung begeben müssen.

Nachdem aber alle Zeugen bestätigt hatten, daß der Alfred wirklich völlig freiwillig und für ein Schellngeld von fünf Mark zu der Selbstverstümmelung eingeladen hatte, sah sich das Gericht außerstande, den Franz strafrechtlich zu verfolgen. Er wurde freigesprochen.

„Soderla", sagte der Franz nach der Verhandlung zum Alfred, „edzer zeich iich diich oo, weecher Underschloochung. Wall ausgmachd woorn zwaa Schelln."

# Der falsche Kassier

Der Erwin möchte schon gern den ständigen Appellen von der Industrie nachkommen und die Wirtschaft kräftig unterstützen. Aber die Frau Gemahlin hat ihm die Investitionszulagen fürs Wirtshaus radikal gestrichen.

Das Heimweh ist dem Erwin inzwischen vergangen, aber der bekanntlich wesentlich schlimmere Durst nicht. Deswegen hat er sich eine Gelegenheitsarbeit außerhalb der normalen Dienstzeiten gesucht und hat an einem Sonntagnachmittag fast dreihundert Mark bar und steuerfrei verdient. Diese Nebentätigkeit hat er jetzt am Amtsgericht näher erläutern müssen.

Es sind insgesamt zwei Verdienstquellen gewesen, wovon die erste ein kleinerer Amateur-Fußballverein am Stadtrand war. „Des wor", sagte er, „es Schbidznschbill ummern erschdn Bladz. Dou woorn der suvill Zuschauer dou, dassi mer dengd hob, dou kensder a boor Seidla verdäina. Und rein zufällig, Herr Richder, hobbi an den Dooch vo meiner Frau suu a Bleggla numerierde Zedderla derbei ghabd. Wall däi doud an die Freidooch immer als Gadrobnfrau ärwern. Und wäis der Zufall will, hobbi an den Dooch aa nu des glanne Zigarrnkisdla aff mein Gebäggschdänder von Fahrrad ghabd."

Diesen Zufall hat der Herr Amtsgerichtsrat aber nicht verstanden. „Ja, des Zigarrnkisdla", überlegte der Erwin, „ach ja, edzer fällds mer widder ei – dou hobbi für mei Enkerla Maierkeefer fanger wolln." Es war aber nicht Mai, sagte der Herr Rat, sondern Oktober. „Ner ja", antwortete der Erwin, „nou hald Kaddofflkeefer."

Gleich nach Spielbeginn schritt der Erwin jedenfalls, in der linken Hand den Billet-Block und in der rechten das Zigarrenkistchen, die Gegengerade ab und kassierte pro Zuschauer drei Mark Eintrittsgeld.

Wiederum rein zufällig war gleich in der Nachbarschaft ein Heimspiel in der B-Klasse, wo der Erwin nach seinem ersten Reingewinn von ungefähr hundertfünfzig Mark sofort hinradelte und auch dem dortigen Vereinskassier die Arbeit abnahm.

Insgesamt waren dem selbsternannten Schatzmeister fast dreihundert Mark zugeflossen, wie er plötzlich, abgelenkt vom Geldrausch, dem richtigen Kassier gegenübergestanden ist. „Deds den Moo fesdhaldn", wiegelte der Erwin geistesgegenwärtig die Zuschauer auf, „des is a Bedrüücher. Schberrd nern in die Kabiner nei, iich hull gschwind die Bollizei!"

Dann wollte er sich auf dem Fahrrad aus dem Staub, beziehungsweise aus der dicken Luft machen. Aus der Flucht wurde aber nichts, und wegen Betrugs wurde der Erwin jetzt zu einer Geldstrafe von zwölfhundert Mark verurteilt. „Iich hädds doch bam Glub browiern solln", sagte der Erwin in seinem Schlußwort, „dou is vill mehra verdäind und dou is nu nie a Kassier ins G'fängnis kummer!"

# Der doppelte Schweinebraten

Seit Jahren pflegt die Hedwig mittags immer im gleichen Selbstbedienungsrestaurant ihr Express-Menü einzunehmen. Und immer am Montag ordert die stämmige Walküre gewissermaßen als Nachgriff auf den Sonntag Schweinebraten mit gem. Salat, zwei von den bekannten fränkischen Gummiklößen sowie ein kleines Bier vom Faß.

Leider kannte der Josef die Gepflogenheiten der Hedwig nicht, sonst hätte er sich an jenem Montag ganz bestimmt nicht die gleichen kulinarischen Feinheiten, nämlich Schweinebraten, Gummikniidla, gem. Salat und Kinderbier, auf dem Plastiktablett an den Tisch geholt. Er mußte es mit einem kurzen Krankenhausaufenthalt büßen.

„Dou konn doch iich nix derfiir", verteidigte sich die Hedwig – jetzt auf der Anklagebank, „wenn der Moo zer bläid is, dasser sei Maul aafmachd." Die Ausdrücke Maul und blöd verbat sich der Herr Amtsrichter, erst dann ließ er die Hedwig, bedroht mit einem sofortigen Platzverweis im Wiederholungsfall, weiterreden.

„Also", sagte sie, „iich hull mer mein Schweinebroodn und mein Schobbn Bier und hogg mi an mein Schdammbladz hii. Nou mergi, dassi an der Deege vorna mein Reengscherm vergessn hob. I gäih vuur, hull mein Scherm, gäih zrigg an mein Diisch, und nou hoggd der Moo dou vuur mein Deller, hodd scho an Bissn Gniidla im Maul – Endschuldichung, in der Goschn g'habd und die Hälfd von mein Bier ausdrunkn."

Daraufhin erklärte die Hedwig dem Josef in aller Ruhe, daß er ein Verbrecher ist und sofort einen sogenannten Arschtritt in Empfang nehmen kann, wenn er sich nicht schleunigst aus dem Staub, beziehungsweise aus dem Teller macht. Trotz eines vollen Mundes wurde der Josef pampig und wehrte sich mit unverständlichem Gemurmel.

„Waffl haldn", schrie darauf die Hedwig, „und die Kurvn gradzn! Obber a weng bledzli, Herr Nachber!" „An momend amol", wollte der Josef entgegnen, da schlug es auch schon bei ihm ein.

Laut Zeugenaussagen hatte die Hedwig dem Josef ihren Stockschirm mindestens fünfmal übers Haupt gedonnert und ihm dann noch mit einem Fußschlag den Stuhl unterm Hintern weggezogen. Und zwar dergestelt, daß die Tischkante das Kinn vom Josef wie seinerzeit ein Faustschlag Schmelings traf.

Kurz bevor die Sanitäter kamen, entdeckte die Hedwig, daß am Nebentisch unversehrt und jungfräulich ihr Menü dampfte: Schweinebraten, Gummiklöße, gem. Salat und ein Schoppen Bier. „Allmächd", sagte die Hedwig zum Josef, als er auf der Bahre aus dem Lokal getragen wurde, „des doud mer edzer obber scho leid." Der bewußtlose Josef verstand es aber nicht mehr.

Wegen schwerer Körperverletzung wurde sie zu einer Geldstrafe von 1500 Mark verurteilt.

**Ein Hochgenuß. Tucher Pilsener.**

Ein Spitzenprodukt Pilsener Brauart, das mit seinem Hopfenaroma dem internationalen Pilsgeschmack entspricht. Untergärig, hell, leicht, spritzig, betont hopfenherb.

**Tucher. Würzig und von großem Adel.**

# Wo, bitte, geht's zum Schlachthof?

Der Kurt hat zwar einen Führerschein, aber der liegt schon seit einem halben Jahr beim Ordnungsamt zur Erholung, und deswegen ist der Pendler zwischen Kornburg und Nürnberg auf die öffentlichen Verkehrsmittel angewiesen.

Weil an einem Wochentag früh um vier aber verhältnismäßig wenig öffentliche Verkehrsmittel in den Nürnberger Süden fahren, war der Kurt an jenem durch und durch blauen Montag ratlos durch die Innenstadt gewankt. „Und aff aamol", sagte er jetzt am Amtsgericht, „aff aamol häld dou der Mazzedes mid den Anhänger dereggd neeber mir und der Moo frouchd mi, wäi mer dou am besdn zon Schlachdhuuf kummd."

Es handelte sich um einen Herrn aus der Ansbacher Gegend namens Martin, der zum erstenmal in der Stadt war und zwei Rindviecher auf ihrer letzten Reise ins Schweinauer Kotlettkrematorium begleiten sollte. Trotz einer leichten Bläue in der Blutbahn schaltete der Kurt damals sehr schnell.

„Um Godz willn, gouder Moo!" schrie er völlig verzweifelt, „zon Schlachdhuuf wolln's! Ja, dou sins ja dodaal verkeerd. Dou homs edzer obber a gscheids Gligg g'habd, daß mi nu derwischd hom. Wall iich wohn nemli dereggd neebern Schlachdhuuf. Also lou mi eischdeing, Scheff!"

Der Martin war über den selbstlosen Straßenführer in der Tat froh und vertraute sich seinem neuen Beifahrer vollkommen an. „Sooderla", sagte der Kurt, „edzer foar mer iibern Blärrer, a Schdiggla die Roudnburcher Schdrass naus, nou links und nou aff die Schnellschdrass."

Auf einmal hat der Martin ein blaues Schild am Straßenrand gesehen, mit der Aufschrift „München 156 Kilometer". „Des bassd scho Masder", hat der Kurt seinem zutiefst erschrockenen Chauffeur erklärt, „mir foorn nerblous a Schdiggla dou aff der Audobahn."

Auf Befehl vom Kurt ist der Martin dann bei der Ausfahrt Kornburg von der Autobahn runter, sie sind gemütlich durch den Wald gefahren, durch Worzeldorf und nach einer Viertelstunde in Kornburg angekommen. „Hald, Schdobb", hat der Kurt mitten im Ort geschrien, „iich mous amol gschwind ausschdeing."

„Is dou gwiss der Schlachdhuuf?", hat der Martin ängstlich gefragt. „Allmächd, der Schlachdhuuf", hat der Kurt gesagt, „den häddi edzer bal vergessn! Naa, der is dou need. Dou wohn iich und mei Frau werd scho warddn. Also bis zon nexdn Mool!"

Da ist dann über den Martin endlich die Erleuchtung bekommen, daß ihn der Kurt gerollt hat und er hat ihn kurz vor Erreichen der Haustür gottserbärmlich verprügelt.

Bei allem Verständnis für die Wut und den Mißbrauch seiner Gutmütigkeit hat ihn der Herr Rat aber trotzdem mit einer Geldstrafe von 1500 Mark wegen Körperverletzung belegen müssen.

„Des woor suwiisuu a Mißverständnis", sagte der Kurt danach, „iich hob ja blous meiner Frau derham Bescheid soong wolln, daß mir nu am Schlachdhuuf foorn mäin."

# Dachschaden

Der Herr Joachim hat eine sehr bescheidene Fünfzehn-Zimmer-Villa in der Nobel-Vorstadt und im vorigen Herbst war es an der Zeit, den Protz-Palast aus der Gold- und Bismarck-Ära am Dach zu renovieren. Also sind an einem Montag früh die Dachdecker gekommen in Gestalt vom Erich und vom Lothar und einem strafprozeßmäßig nicht in Erscheinung getretenen Hilfsarbeiter.

Vor dem Aufstieg hat der Herr Hausherr den erstaunten Dachdeckern einen längeren Vortrag gehalten. Daß wie alles an diesem Haus auch das Dach ein Kunstwerk und ein Juwel ist, daß auf den Millimeter genau das gleiche Muster in altgriechischer Mäanderform entstehen muß, daß sie praktisch mit Glacéhandschuhen arbeiten sollen und daß er nicht einmal einen Hauch von Alkohol während der Arbeit riechen will. Und seine Nase ist sehr empfindsam.

Dem Erich und dem Lothar seine Gurgel war aber auch empfindsam und sie haben ohne weiteres auf die verschiedenen Anweisungen und auf das Bier-Embargo gepfiffen.

„Herr Richder", sagte der Erich jetzt bei der Verhandlung, „i bin edzer bal zwanzg Joor Dachdegger, obber wos mir dou miidgmachd hom, hobbi nunni miidgmachd. Des konni Ihna soong! Bam Veschbern hommer es Bier in Milchdiidn umgfilld, blous dasser nix mergd. Und am Dooch langer kanne zeha Mool, wou der affs Dach naafgrabbld kummer is middn Bandmaß und schdundnlang Vuurdrääch iiber sei griechisch Neander-Musder, odder wäi des hassd, g'haldn hodd."

Die Spannungen zwischen dem Hausherrn und den Dachdeckern steigerten sich soweit, daß der feine Herr Joachim ohne es zu wissen kurz vor einer Packung Schelln gestanden ist. Dann hat er glücklicherweise für vier Tage geschäftlich verreisen müssen. Bei seiner Rückkehr erlitt er einen Nervenzusammenbruch.

Statt einem griechischen Mäander-Muster ist den zwei Dachdeckern nämlich ein mehr literarisches Kunstwerk eingefallen. Wenn man sich dem Haus von Norden genähert hat, ist auf dem Dach in roten Ziegeln auf dunklem Untergrund groß und deutlich das Wort „Arsch" zu lesen gewesen, und auf der Südseite in ebenso feiner Prägnanz das unschuldige Wörtchen „Loch".

Vier Wochen lang hat sich die Nachbarschaft über die originelle Überschrift vom Herrn Joachim seinem Haus sehr amüsiert. So lange hat es nämlich gedauert, bis die Firma den schönen Dachdecker-Gruß wieder in das verlangte Mäander-Muster umgewandelt hat.

Wegen Beleidigung sind der Erich und der Lothar zu jeweils dreizehnhundert Mark Geldstrafe verurteilt worden. „Ja, ja, suu is im Leem", sagte der Erich, „der anne hodd an Dachschoodn und die andern derfns zooln."

# Auf dem Tandem in die Oberpfalz

Der Kurt hat ein Sitzfleisch wie Beton, eine Gewalt in den Waden wie ein Kraftwerk, und sein Buckel ist im Windkanal getestet. Das kommt daher, weil der über sechzig Jahre alte Kraftmeier schon immer aufs Autofahren verzichtet hat und alle Wege tief über den Lenker gebeugt mit dem Fahrrad zurücklegt.

Tief in der Nacht ist er seltener unterwegs, und in Zukunft wird er Fahrten nach Einbruch der Dunkelheit völlig vermeiden. Der Grund für die Angst vor der Finsternis ist jetzt am Amtsgericht ausführlich besprochen worden.

Der Kurt wohnt nämlich in Johannis und er hat damals nachts um halb eins im Bett einen unheimlichen Durst gekriegt. Also hat er sich schnell über sein Nachthemd eine Jacke angezogen und ist barfuß mit seinem Radl schnell zwei Straßen weiter gerast in sein Wirtshaus, wo er sich an der Gassenschänke drei Flaschen Weizen gekauft hat. „Nou hobbi mi draußn aff der Schdrass", erzählte der durstige Radler vor Gericht, „widder aff mei Maschina draffgschmissn, hob däi drei Fläschla Bier im Blasdiggbeidala iibern Lenker g'hängd und hob hammbrausn wolln. Und aff amol driggd mer anner a Gwehr ins Graiz vo hindn und schreid mer ins Ohr nei: „Alles heerd aff mei Kommando! Wennsdi rumsdreesd, nou werd gschossn! Und edzer fährsd su schnell wäisd konnsd die Bucher Schdrass naus!" Und nou binni hald di Bucher Schdrass naus gschdrambld und der Moo mid den Gwehr is hindn am Gebäggschdänder draff g'hoggd."

Bei dem geheimnisvollen Mann handelte es sich um einen ziemlich betrunkenen Herrn namens Konrad, der im Verlauf der Fahrt den Kurt mit wütenden Schimpfkanonaden zur Erhöhung der Geschwindigkeit anfeuerte und seinem unfreiwilligen Chauffeur nach dem Passieren von Großgründlach schließlich bei der Einfahrt Tennenlohe befahl, in die Autobahn München einzuschwenken. „Bam Närmbercher Graiz", schrie der Konrad am Gepäckständer nach vorn, „saggsd mer bescheid. Wall mir mäin dann aff die Reengsburcher Audobahn!"

Der Kurt im Schweiß seines Angesichts über den Lenker gebeugt, hinten drauf der Konrad, der seinem Vordermann eine Fahrradpumpe in den Rücken hielt – dieser Anblick bot sich der Polizei, als sie das nächtliche Tandem von der Autobahn holte. Es stellte sich heraus, daß der Konrad den Kurt noch bis nach Gnadenberg im Oberpfälzischen als öffentliches Verkehrsmittel mißbrauchen wollte, weil ihm kurz vor dem Fahrradüberfall die Polizei den Führerschein gezwickt und eine Blutprobe gezapft hatte.

Das wären für den Kurt nach Gnadenberg und wieder zurück in die Heimat in Johannis gut und gern noch sechzig Kilometer gewesen. Wegen der Nötigung und dem Benützen einer Fahrradpumpe als Maschinengewehr wurde der Konrad zu einer Geldstrafe von 1700 Mark verurteilt.

Warum, wollte der Richter noch wissen, der Konrad eigentlich nicht selber mit dem Rad vom Kurt gefahren sei? „Des hobbi zerschd scho machn wolln", sagte er, „obber nou is mer eigfalln, dassi ja gornedd Radfahrn koo!"

# Vorsicht, frisch gebohnert

Der Willi lebt in der Südstadt und ist Aufsichtsratsvorsitzender einer gut eingeführten Zuhälterei, was man ihm trotz einiger Versuche noch nie gerichtlich nachweisen hat können. Trotz aller Vorsichtsmaßnahmen ist der Bettstatthalter jetzt aber doch von der Gerechtigkeit eingeholt worden, und er hat sich wegen einer Art Verkehrsstau verantworten müssen.

An einem Vormittag im vergangenen Dezember ist dem Willi auf der gut ausgeleuchteten Kellertreppe nämlich die Ella, eine fünfundsechzigjährige Nachbarin aus dem zweiten Stock begegnet. Das ist an sich noch nicht strafbar gewesen, aber der Willi ist unterhalb seiner Gürtellinie praktisch im Freien gestanden und war außerdem auch nicht allein auf der Kellertreppe. Er hat nämlich ursprünglich mit einer seiner Damen namens Lisa im Keller ein paar Flaschen Champagner holen wollen, und bei der Rückkehr ist ihm auf einmal eingefallen, daß es druckabfallmäßig höchste Zeit ist.

Also hat er es mit der nur oberflächlich bekleideten Lisa sofort auf der Kellertreppe erledigt. Die vier Flaschen Champagner haben sie so lange auf der Treppe abgestellt. Unter Ausschluß der Öffentlichkeit erinnerte sich jetzt die Ella als Zeugin an die lauschige Begegnung. „Herr Richder", sagte sie, „suwos is mer in meine fimpfersechzg Joor nunni bassierd. Schdäider dou middn aff der Drebbn däi Wilzau vonnern Moo und baggd sei Alde zamm, daß alles zerschbeed is! Zerschd hobbi ja gmaand, daß wos bassierd is und daß däi Frau die Kellerdrebbn noogfluung is, walls suu arch g'jammerd hodd. Obber des hodd mid Jammern nix zon Dou g'habd. Des woorn Lusdschreie, Herr Richder!"

Der größte Schreck für die Ella war aber, daß die zwei über ihr Erscheinen auf keinen Fall erschrocken sind. „Däi homsi", sagte sie, „ibberhabbs nedd schdörn loun. Der Moo hodd mi ooglachd und hodd gsachd ‚Gries Godd, gnä Frau, gemmer gwiss aff Kulln hulln'. Und sei saubers Frollein hodd middn Winsln korzz a weng aafg'heerd und hodd aa Griss Godd gsachd. Und obs a weng affdseidn rudschn solln, dassi besser vobbeikumm, hodds gfroochd." Und dann sollen noch Ausdrücke gefallen sein, daß man der Ella ihren Kopf wegen der starken Schamröte ohne weiteres auch als rote Eisenbahnlaterne verwenden hätte können. „Und nichd aafg-'heerd homs, Herr Richder", sagte die Ella noch, „im Geengdeil. Däi hom si nou alle zwaa a weng rumdreed und er hodd gsachd, sie schdelln si suu hii, dassi a weng besser zouschauer koo!"

Wegen Erregung öffentlichen Ärgernisses und Beleidigung ist das Fegen und Bohnern auf der Kellertreppe für den Willi und die Lisa mit je achthundert Mark bestraft worden. Wenn sie es schon unbedingt auf der Kellertreppe treiben müssen, meinte der Herr Amtsgerichtsrat, dann hätten sie beim Erscheinen von der Ella wenigstens aufhören können. „Mir hom ja aafg'heerd", maulte der Willi nach, „obber hald erschd, wäi mer ferddich woorn."

# Die lustige
# Witwe

Neben der SpVgg Fürth dürfte der Kaffeehaus-Stammtisch der vier alten Damen die älteste Tradition haben, denn zusammengezählt hat die Mischung aus Dampfnudeln und Dampfplauderern fast dreihundert Jahre im Geburtsschein stehen. Nur die Mathilde liegt ein paar Jahre unter dem Durchschnittsalter und wirkt auch sonst noch so, wie wenn die bekannte Triebfeder nicht nur am Sonntagshütchen im Wind wippt, sondern ein kleines bißchen auch noch in der erogenen Zone.

Daher kommt es, daß die anderen drei im Kaffeehaus nichts mehr und schon gleich gar keine Aufmerksamkeit erregen. Aber dafür um so mehr die Mathilde. „Ja Herr Gerichtsdireggder", klagt die Betty auf der Strafbank vom Amtsgericht jetzt ihr Leid, „des woor ja nemmer zon ooschauer, wäi si däi aafgfiird hodd. Däis is di Middwoch nachmiddoch zon Fleiß immer a weng schbeeder kummer wäi mir. Und nou is reigschdiing wäi der Giiger am Misd, dassdi scheemer häsd kenner. Middn Hindern hodds gwaggld wäi die Pafian im

Diergarddn, wennsd a Bananer neischmeisd, und masdns hodds nu a Dekolldee g'habd – Herr Richder, a Dekolldee, also in den Alder gräigsd dou normool a Lungerendzindung und a Wochn schbeeder konnsd dei Kaffeegränzla am Wesdfriedhuuf machn. "

Eines schönen Mittwochs war die üppige Alt-Diva nicht zum Kaffekränzchen erschienen, und es erkundigte sich ein Herr namens Lothar beim Rest-Trio nach der Mathilde. Da schwappte dann der Neid bei der Betty und ihren zwei Freundinnen vollends über. „Wohrscheins", flüsterte man dem Lothar vertraulich durch den Kaffeedampf, „wohrscheins werds am Xundheizamd sei." „Is gwiss krank?" fragte der Lothar mit Fürsorge nach. „Ja", sagte die Betty, „des wissn mir aa nedd. Obber däi mous alle vier Wochn affs Xundheizamd zon Undersuchn. Mehr derf mer leider nedd soong. Des verbieded uns der Anschdand."

Der Anstand ließ sich aber dann doch noch erweichen, und der Lothar erfuhr unter dem berühmten Siegel der Verschwiegenheit, daß die Mathilde entweder gelegenheitsmäßig noch mit Schäferstündchen ihre Pension aufbessert oder als Chefin eines einschlägigen Etablissements hin und wieder mit Hand anlegt.

Durch das Siegel der Verschwiegenheit erfuhr die Mathilde sofort von dem Komplott und zeigte ihre Kaffeekränzchenschwestern bei der Polizei wegen Verleumdung an.

In der Tat stimmte von den Anschuldigungen kein einziges Wort, und die drei eifersüchtigen Klatschtanten durften für ihre Enthüllungen je einen Fünfhunderter über den Tisch des Hauses reichen.

Nach der Verhandlung wäre wieder Kaffeekränzchen gewesen. „Gäisd miid affern Käskoung?" versuchte die Betty vorsichtig eine Versöhnung bei der Mathilde. „Naa", sagte die, „iich mous zu mein Frauenarzd. Wall, iich glaab, iich gräich a Kind!"

# Der mißbrauchte Gummibaum

Normal ist es kein Verbrechen, wenn man im Bierzelt am Frühlingsfest drei bis vier Maß in den Körper preßt, soundsoviel Millibar Hochdruck in der Hose hat und den Drang vom Trank dann im Freien an einem Baum in die Freiheit entläßt. Trotzdem ist aber der Jochen, der den schönen altfränkischen Künstlernamen Joe hat, jetzt am Amtsgericht als Angeklagter gewesen, weil er an einem Vormittag im April an einen Baum gepinkelt hat. Allerdings war es kein Baum in dem Sinn wie vielleicht eine romantische Linde, durch die bekanntlich wie der Dichter sagt, die Winde säuseln, ein einsamer Ahorn oder ein Zwaahorn, sondern die Flutkatastrophe vom Joe ist anders gelagert gewesen.

Der Herr Joe also ist am Freitagabend am Frühlingsfest gewesen, hat im Bierzelt die bereits besprochenen drei bis vier Maß getrunken und noch zwei zusätzlich und an recht viel mehr wollte und konnte sich der Sumpfhahn nicht erinnern. Wahrscheinlich hat er den Sonnenaufgang unter den Büschen am Dutzendteich abgewartet, weil er am frühen Samstagmorgen dreifarbig, nämlich blau im Geblüt, rot in den Pupillen und schwarz unter den Augen, in eine Metzgerei in der Südstadt gestolpert ist und zur Brandbekämpfung beim Ludwig hinterm Ladentisch einen Ring Stadtwurst, drei saure Gurken und sechs Dosen Bier verlangt hat. Und im Eck der Metzgerei ist dem Ludwig sein ganzer Stolz gestanden, nämlich in einem Holzschaff ein schöner, großer Gummibaum.

„Der Moo", sagte der Ludwig jetzt als Zeuge vor Gericht, „der Moo is reigfluung kummer mid sein Zinderer und iich hob in Loodn vuller Laid g'habd. Nou schreider, dasser serfood a Bäggla Bier brauchd und a Schdaddworschd und drei saure Gurgn. Und die Aung hodds nern richdi ausn Kubf rausdreed. Und aff aamol sichder in Egg den Gummibaum, schdolberd niiber, machd sei Huuserdiirla aaf und fängder dou middn in Loodn vurr alle Laid es Schläung oo!"

Wie wenn es eine stämmige Eiche gewesen wäre hat sich der Joe an dem Stamm mit einer Hand festgehalten und ist dann noch während seines dringenden Geschäftsvorganges zusammen mit dem Gummibaum umgefallen. Hinfällig waren außerdem auch der Ring Stadtwurst, die drei sauren Gurken und der Sechser-Pack Bier. Beim Hinausschmeißen aus der Metzgerei hat der Joe den Ludwig bis auf den Knochen in die Hand gebissen und es hat alles zusammen im Namen des Volkes achtzehnhundert Mark Strafe gekostet.

Wegen des Zusammentreffens von Pissen an einen Gummibaum und vom Biß in die Hand hat der Ludwig abschließend folgende Bemerkung gemacht zum Joe: „Wennsd widder affs Folgsfesd gäisd, nou hängsder am besdn a Schildla rum ‚Vorsicht, pissiger Hund' – nou wass mer Bescheid!"

# Springtime
# im Luitpoldhain

Rein äußerlich schaut der Otto aus wie der kleine Bruder vom
himmlischen Unschuldsengel, aber innerlich könnte man den
Herrn Aufreißer ohne weiteres nach Italien versetzen und
zwar als Reserve-Vesuv. Tag und Nacht, sonntags und
werktags und zu jeder Jahreszeit brennt es nämlich im Otto
seiner Hose wie in einem Hochofen und er ist ständig damit
beschäftigt, ihn wenigstens vorübergehend zu löschen.

Die letzte horizontale Brandbekämpfung ist aber leider so
verlaufen, daß außer dem Otto auch die bekannte Öffentlichkeit erregt worden ist, und es hat vor dem Amtsgericht
behandelt werden müssen. An einem der ersten warmen
Frühlingstage ist der Okasanova der Vorstadt mit seiner
Marga und zufällig einer Decke unterm Arm durch den

Luitpoldhain spaziert, die Sonne hat geschienen, die Vögel haben gezwitschert und der Blutdruck ist enorm gestiegen. „Mir hom uns nou", sagte der Otto mit seiner Unschuldsmiene, „mir hom uns a weng ins Groos gleechd und hom hald a weng rumdou. Obber nedd arch. Blous is hald dann immer ärcher worn ba mir. Suwos häld ka Mensch aus und iich aa nedd."

Sitte und Anstand gemäß hat der Otto die mitgeführte Wolldecke sorgfältig über sich und die Marga gebreitet und ist dann zielstrebig ans Werk gegangen. Um die beiden herum haben noch sehr viele andere Menschen den Frühling genossen und haben anfangs von der Springtime im Luitpoldhain überhaupt nichts gemerkt.

Mitten in der Arbeit sind aber dann zwei jüngere Spaziergänger an dem Pärchen vorbeigerannt und haben dem Otto und der Marga die Decke weggezogen und es hat auf einmal jeder zuschauen können. „In dem Moment", meinte der Herr Amtsgerichtsrat zum Otto, „hätten Sie halt mit ihren Aktivitäten sofort aufhören müssen." „Dassi nedd lach", wandte der Angeklagte völlig sachlich ein, „aafheern, wennsd middn drinner bisd. Dou mecherdi Sie amol seeng, Herr Richder! Mir hom scho fast alles erleedichd g'habd – und nou deedn Sie aafheern. Dou kommer ja an Nervenzusammenbruch gräing! Und außerdem hob iich gornedd gmergd, daß uns dou anner di Deggn wechzuung hodd. Wos konnern dou iich derfiier?"

Der Herr Rat ließ aber die hochexplosive Spannung vom Otto nicht als mildernden Umstand gelten. Und im übrigen habe ein älteres Ehepaar, das mit seinem Dackel an der Brunftstätte vorbei mußte, festgestellt, daß es nicht die letzten Sekunden, sondern noch volle zehn Minuten bis zum Finale war. Also wurde die Marga wegen Erregung öffentlichen Ärgernisses zu einer Geldstrafe von sechshundert Mark verurteilt. Und für den Otto kostete es gleich tausend Mark in seiner Eigenschaft als treibender Keil. „Und in Zukunft", sagte der Herr Rat noch, „machn's halt Ihrn Frühlingsspaziergang derhamm am Korridor."

# Die Rechnung
# ohne den Wirt

Eigentlich hätte es ein ganz normaler Bruch auf der strafmildernden Mundraub-Basis werden sollen. Aber leider sind dann die Ereignisse dieser Nacht über den Helmut hereingebrochen wie eine Sintflut auf einen hilflosen Nichtschwimmer. Nach seinen eigenen Angaben ist der Helmut damals weit nach Mitternacht durch die Stadt geschlichen und sein Magen hat geknurrt wie eine Schiffssirene im Nebel.

„Affn ganzn Weech", sagte der Helmut vor Gericht, „affn ganzn Weech hobbi dauernd a Drimmer Gniidla vuur mir gseeng, wäis dambfd, und a schäine Sooß driibergschidd und an Schweinebroodn. Und wenni hiilanger hob wolln, nou woors fordd. I wär ball nersch worn im Kubf, Herr Richder!"

Knapp vorm geistigen Durchdrehen ist dann auf einmal eine Wirtshaustür am Helmut vorbeigekommen, wo der Angeklagte jetzt Stein und Eisbein schwören wollte, daß sie trotz der späten Stunde wie durch ein Wunder geöffnet war. Das Wirtshaus aber ist an sich nicht mehr geöffnet gewesen, und der ungebetene Gast war mutterseelenallein. „I hob nou", sagte der Helmut, „a Lichd gmachd, hob mer a Seidla Bier zabfd und ausn Kühlschrank an Deller vull Fleischkichla raus mid Sembfd."

Mitten im Vespern ist dann auf einmal wieder die Tür gegangen, und es sind drei nicht mehr ganz nüchterne Kumpel mit dem dringenden Wunsch nach einer Brandlöschung eingelaufen. „Scheff", hat einer von ihnen zum Helmut gesagt, „kennsd amol middn Fressn aafheern – mir gräing drei Bier und drei Zwedschger!"

„Ner ja", sagte der Helmut auf der Anklagebank, „wos häddin nou dou solln. Iich konn doch nedd soong, daß des nedd mei Werzhaus is und dassi mer däi Fleischkichla braggdisch nerblous leihweise ausn Kühlschrank raus hob. Also hobbi däi drei hald ihr Bier und ihrn Zwedschger brachd." Das Geschäft weitete sich dann im Verlauf der Nacht prima aus.

Ungefähr nach einer Stunde ist die Kneipe brechend voll gewesen, und der Helmut ist von Tisch zu Tisch gerannt, hat kalte Wiener serviert und alte Fleischküchla, Bier in Kaffeetassen und Kaffee im Suppenteller. Auch die Preise waren sehr unterschiedlich. Manchmal hat ein Bier gar nichts gekostet, manchmal fünf Mark, manchmal ist eine Flasche Schnaps um fünf Mark über den Tisch gegangen.

Wie früh um fünf die Polizei gekommen ist, sind schöne Lieder durchs offene Fenster gegröhlt worden, alle Gäste waren abgefüllt wie ein Sack Mehl, und der Helmut war von der ungewohnten Arbeit als Oberkellner fix und fertig gewesen. In der Abrechnung ist es für ihn aber doch noch mit einem gewaltigen Minus ausgegangen.

Wegen Einbruch, Diebstahl, Unterschlagung und Sachbeschädigung hat es acht Monate Lochgefängnis ohne Bewährung gekostet. „Soderla", sagte der Helmut nach dem Urteil beleidigt, „dou ärwersd a ganze Nachd wäi a Feind, maggsd denni Debbn ihrn Bollandi, verdäinsd fiirn Werd an Haffdn Geld und zum Dank wersd nou eigschberrd! Des kenner ser si Leem!"

# Der Selbst-
# bedienungshund

Die Betty hat einen kleinen Fein- und Vielkostladen in der
Südstadt, der mit Mühe und Not seine Frau ernährt. Von der
essigsauren Tonerde bis zur Essiggurke hat die alte Dame alles
im Angebot, was irgendwie mit dem menschlichen Körper
zusammenhängt. Aber auf einmal hatte sich heuer im März
auch die Tierwelt für den Tante-Betty-Laden interessiert. „Ba
mir", sagte die Betty jetzt als Zeugin am Amtsgericht, „dou
gäids genau zou, wall mei Moo woor fräiher ba der Hibbo-
Bank Kassier, gell. Dou werd ooms Kassa gmachd und däi
mous affn Bfenning schdimmer. Iich kenn mi scho nu aus –
und wenn nerblous a aanzigs Schniddlauch-Hälmla feeld,
nou werd suu lang gsouchd, bis widder dou is."

In diesen fraglichen Märzwochen fehlten der Betty allabend-
lich aber nicht nur einzelne Schnittlauch-Halme, sondern
ihren Angaben zufolge ganze Lastwagenladungen voll

Lebensmittel. Und eines Nachmittags beobachtete die Laden-Chefin mit dem blanken Entsetzen im Gesicht, wie sich draußen vor dem Geschäft ein großer Schäferhund an ihr Open-air-Angebot heranschlich, mit schnellem Griff einen Sack voll Apfelsinen schnappte und sofort die Flucht ergriff.

Zwei Tage später beobachtete sie den Selbstbedienungshund erneut, wie er eine ganze Bananenstaude mitgehen ließ und kurz danach einen Treibhausrettich. Auf der Anklagebank saß jetzt aber nicht der Schäferhund, sondern der Anton, der seinen Vierbeiner angeblich auf Ladendiebstähle abgerichtet haben soll. Insgesamt standen auf der Betty ihrer Verlustliste Obst- und Südfrüchte im Wert von achtzig Mark, um vier Mark fünfzig Salzgurken, zehn Bund Radieschen, zwei Sack Zwiebeln, drei Pfund Walnüsse und ein Zopf Knoblauchzehen.

„Dassi fei nedd lach, Herr Richder", meckerte der Anton, „mei Hund frissd Salzgurgn und Gnoblauchzeha, hahahaha! Und kenndn'S mer vielleichd amol verroodn, wäi der mid seine Bfoodn die Walniss aafbringer soll? Also des is doch a Kaschberla dou, des Ganze. Sins suu goud und schbrechn'S mi frei, dassi widder ham koo. Wall mei Hunderla is ganz allaans derhamm."

Gegen den Freispruch sprach aber, daß der Anton beobachtet wurde, wie das Hunderla diverse Lebensmittel zwei Straßen weiter im Maul schleppte und offensichtlich befehlsgemäß bei seinem wartenden Herrchen abgab. „Des is", erklärte der Anton, „fiir mein Schlamber ganz worschd, ob der a Schdeggerla im Maul drinner hodd odder a Dosn Ananas – der will hald a weng schbilln."

Zumindest hatte sich aber der Anton dann als Hehler von seinem Schäferhund strafbar gemacht und er wurde zu einer Geldstrafe von achthundert Mark verurteilt. „In Ordnung", sagte der Angeklagte, „mei Hund bringt Ihna den Schegg däi Dooch amol vobbei, gell!"

# Der ökologische Porsche

Der Hermann gehört zu den richtigen Menschen in dieser Stadt. Man sieht es bei ihm vor der Gartentür, denn dort parkt dem Hermann sein Einundalles, nämlich ein stahlgrau melierter Porsche. Es dreht sich dabei um einen Porsche Targa, was ungefähr das gleiche ist wie ein VW-Cabrio, nur etwas teuerer. Der Porsche steht also in der wärmeren Jahreszeit immer mit offenem Verdeck am Parkplatz und letztes Jahr im Herbst sind drei naturliebende Männer, der Gerch, der Heiner und der Konrad, in den frühen Morgenstunden am Hermann seinem offenen Porsche vorbeigewankt anläßlich einer langsam zu Ende gehenden Bier-Reise.

Der Einsatzleiter der Aktion „Mehr Natur in die Autos", war in erster Linie der Konrad, wie es sich jetzt am Amtsgericht herausgestellt hat. „Ooganger", sagte der Angeklagte, „is des Deooder glabbi suu, daß der Gerch in sein Zinderer von irchn an Fensderbreddla an Blummerdobf gnummer hodd und hodd nern in den Borsche neigschdelld. Des hodd nou a weng miggrich ausgschaud – asuu a glaans Blummerdebfla in suu an Drimmer Audo – und nou hommer beschlossn, daß mer in den Audo wo gräißers neibpflanzn mäin."

Im Vorgarten vom Hermann war zufällig ein großer Berg frische Gartenerde einen Tag vorher abgeladen worden und es stand dort außerdem ein Schubkarrn und zwei Schaufeln zur Verfügung. Im Osten ist schon der Himmel heller geworden, wie die drei Gärtner ihr Werk endlich beendet hatten.

Früh um halbacht ist dann der Hermann aus dem Haus gekommen und hat ins Geschäft fahren wollen. „Zerschd", sagte er jetzt im Zeugenstand, „hobbi gmaand, i hob solche Hallunzioner odder wäi däi Viicher hassn. Schdäider dou in mein Borsche a Fichdnbaimla drinner und a glanne Birkn! Und wäi iich näher hiikumm, siichi, daß mein Borsche braggdisch a Schrebergarddn ist! Bis oomer naaf isser vull Erdn gween, um die zwaa Baim rum isser Groos gwachsn, Blummer woorn bflanzd und sugoor a boor Kullrabi hom hindn bam Riggsidz rausgschaud."

Der Heiner, der Gerch und der Konrad hatten also ganze Arbeit geleistet. Zwei bis drei Kubikmeter Heimaterde hatten sie in das Kabriolett geschaufelt, anschließend den frischen Boden leicht gehackt, gerecht und eigenhändig mit Flüssigdünger versehen und dann den Garten vom Hermann in Gestalt des Fichtenbäumchens, der Birke, einiger Grasbatzen, Rosen, Vergißmeinnicht und Kohlrabi umgepflanzt.

Wegen der Sachbeschädigung wurde jeder der drei Gärtner zu einer Geldstrafe von 3500 Mark verurteilt. „Hom Sie", fragt der Konrad den Hermann, „in Ihrn Borsche a Einschbridz-Anlooch?" „Ner fraali", sagte der Hermann stolz, „is des a Einschbridzer, worum?" „Ner ja", sagte der Konrad, „nou häddn 'S doch ihr Gärddla ganz eimfach gießen kenner."

Den Öko-Porsche mit einer Birke am Beifahrersitz, einem
handgeschmiedeten Schwengel
an der Einspritzpumpe und Hu-
mus im Auspuff für zwei Vor-
gartenzwerge gibt es serien-
mäßig leider noch nicht. Aber
sonst waren wir zur Umwelt
schon seit vielen Jahren immer sehr freundlich. Einen
Katalysator zum Beispiel hat
Porsche schon entwickelt und
eingebaut, da war der Sauber-
macher im Auspuff hierzulande
im wahrsten Sinn noch ein
Fremd-Wort.

# PORSCHE
# ZENTRUM

AUTOHAUS KRAUSS GMBH 8500 NÜRNBERG
SCHARRERSTR. 5 ☎ 0911-47410

# Freiwild
# für die Weiber

Angeblich ist der Erwin zum erstenmal in seinem Leben in einer Sauna gewesen, und ein zweites Mal, hat er beim Licht seiner Hühneraugen geschworen, sieht ihn dort sowieso niemand mehr. Weil das Wort Sauna wahrscheinlich von Sauerei kommt und er dort das unschuldige Opfer von verschiedenen unglücklichen Umständen geworden ist.

Vorläufig ist der Erwin aber noch auf der Anklagebank gesessen und eine Dame namens Bärbel hat ihn verschiedener Sauereien beschuldigt. „Ja fraali", sagte der Erwin, „suu weid kummerds nu, daß edzer iich aff aamol die Wilzau bin! Iich bin dorddn ganz ruich aff den Bänkla g'hoggd und däi Frau hodd miich brodduzierd, odder wäi mer dou sachd, Herr Richder, dassi gmaand hob, iich bin in der Luidboldschrdrass

131

in der Bebb-Schau drinner. Also, däi is naggerd reikummer, hodd mer dauernd aff mein Dingsbums gschaud und nou hoddser si direggd vuur mir duschd und die Hoor gwaschn. Obber nedd blous däi am Kubf, gell!"

Während des Duschens soll die Bärbel interessante Verrenkungen gemacht haben, daß dem Erwin der Kamm geschwollen ist. Ebenfalls nicht der für den Kopf. „An aldn Houd", sagte die Bärbel zu den Vorwürfen, „der Moo is mer nouchgrennd wäi a Giiker der Henner. I hob ibberhabs nemmer gwissd, wou i hii soll. Und erreechd isser aa gween. Des hodd mer ja seeng kenner. Und nou hodder a weng innern Eggla drinner ondulierd! Vuur meine Aung!"

Ganz vorsichtig fragte der Herr Amtsgerichtsrat den Erwin, ob sein wichtigstes Familienmitglied erigiert gewesen sei. „Des nehmer'S serfordd zrigg", wurde der Erwin laut, „i hob ibberhabbs nix nei dirigierd! Des werd ja immer schenner! Däi Frau machd miich haaß, wäi a Uuferbladdn, und iich wär edzer geschwind der Kassernofa! Suu gäids nedd."

Nach längeren Erklärungen räumte der Erwin dann aber schon ein, daß der Anblick der Bärbel ihn stark außer Fassung gebracht habe. „Herr Richder", sagte er, „wenn'S des gseeng häddn, wos däi alles aafgfiird hodd, dou wärn's undnrum aa a weng in andere Umschdänd kummer, gell! Obber dou konni doch nix derfiir. Mei Dings dou is do ka Hund odder wos, wou i soong kann ‚Sei schäi brav Schorschla, mach sidz und hoggdi hii'. Des gäid doch audomadisch. Dou bisd völlich machdlos, Herr Richder!"

Das Gericht schenkte aber der angeblichen Ohnmacht von Erwin keinen Glauben und verurteilte ihn wegen Erregung öffentlichen Ärgernisses zu einer Geldstrafe von 3200 Mark. Außerdem darf er die Sauna bei Gemeinschaftsveranstaltungen und auch sonst nicht mehr betreten. „Des", sagte der Erwin, „häddns mer nedd exdra soong braung, Herr Richder. Wall innera Sauna, dou bisd ja braggdisch Freiwild für die Weiber!"

# Smog-Alarm
# in der Südstadt

Wenn die Rosa kocht, dann ist in der Südstadt Smog-Alarm. Es liegt aber nicht am Schornstein oder an irgendwelchen Emissionswerten, sondern daran, daß sie beim Kochen Knoblauch verwendet wie Sand am Meer oder Eis in Grönland.

Die Kochgewohnheiten von der Rosa sind dem Alfred, der im gleichen Mietshaus wohnt, schon seit langem ein gewaltiger Dorn in der Nase und jetzt hat er die Rentnerin aus dem zweiten Stock wegen Körperverletzung angezeigt. Es stinkt nicht nur zum Himmel, hat der Alfred zu Protokoll gegeben, sondern leider auch zu ihm hinauf in den dritten Stock.

„Es schennsde is", sagte der Alfred bei der interessanten Verhandlung, „daß iich nemli allgerisch bin geecher den Gnoblauchgschdank. Wenn a weng wos in der Lufd lichd, nou zäichds mir medizinisch de Schouh aus, Herr Richder, dassi glinisch braggdisch scho am Südfriedhuuf bin. Dou hobbi a Addesd driiber, daß Gnoblauch fiir mich döödlich is."

So schlimm, meinte der Herr Amtsgerichtsrat, wird es schon nicht sein, wenn die Rosa hin und wieder ihre kargen Mahlzeiten ein bißchen balkanmäßig aufwürzt. „Wos hassd dou ,hin und widder'", wurde der Alfred laut, „in dem Haus schdingds Dooch und Nachd nach den Zeich. Däi doud doch woorscheins scho fräih in ihrn Kaffee an Gnoblauch nei. Normool konnsder dou nerblous a Gasmasgn kaafn!"

Gütlich hat der Gestank auch nicht geregelt werden können. Einmal hat es der Alfred mit einem Wäschezwicker auf der Nase an der Wohnungstür probiert. Es hat damals Kartoffelsuppe gegeben. Die dringende Bitte um die Beseitigung der Geruchsschwaden hat die Rosa aber abschlägig bescheiden müssen.

„Erschdns", sagt sie, „gäid des Sie an Dreeg oo, mid wos iich koch und zweidens gheerd inner Kaddofflsubbn a Gnoblauch nei, sunsd is des a Wasserschnalzn und schmeggd nach eigschloufne Fäiß." Darauf knallte die Rosa die Tür zu und es lag weiterhin der Koblauch wie eine undurchdringliche Nebelbank im Treppenhaus.

Der Alfred beantragte daraufhin einen Zuschuß vom Staat, weil er seine Wohnung geruchsmäßig hermetisch abdichten wollte. Aber auch der Zuschuß wurde abgelehnt.

Auch der Herr Rat versuchte es zunächst gütlich. Man soll noch einmal miteinander reden, hat er den beiden durch den Knoblauch entzweiten Menschen empfohlen, biß jedoch auf Granit.

„Mid dera", sagte der Alfred, „reed iich ka aanzigs Word mehr. Des konni mer scho rein xundheidlich nedd erlaum. Wall, wenn däi es Maul aafmachd, nou zäichd a Difdla raus, wäi ausera Odlgruum."

Für diese Äußerung wurde der Alfred mit einer Ordnungsstrafe von hundert Mark belegt und die Rosa ist danach freigesprochen worden.

„Also guud", sagte der Alfred, „nou dou i mi hald fiir die Odlgruum entschuldichn. I wolld eingli soong, daß däi Frau wäi die Bengerz a eichne Kläranlooch braucherd."

# Vorsicht, bissiges Krokodil

Der Schorsch hat einen starken Hang zum Exotischen. Statt einem Kanarienvogel fliegt bei dem Junggesellen ein Kakadu von Vorhangstange zu Vorhangstange, überall krabbeln bei ihm irgendwelche Kriechtiere von den Galapagos-Inseln über den Teppichboden und gerichtsmassig ist der Tierfreund nun mit einem angeblichen Krokodil geworden. Es hat der Gisela, die einen Stock unterm Schorsch wohnt, im Treppengang die Fingerkuppe vom Daumen abgebissen.

Die Gisela erinnerte sich jetzt am Amtsgericht an den dschungelmäßigen Zwischenfall wie folgt: „Dou konni mer doch glei an Bungaloff in Affrigga kaafn, Herr Richder! Wou simmer denn eingli – in Närmberch odder ba die Neecher? Iich hob an den Dooch Hausordnung g'habd und wisch grood die Drebbn und wäi i mein Budzlabbn eidaung will, dou schdäid mir aff aamol a Groggodil geengiiber! Dou kommer ja direggd frouh sei, daß im Huuf ba uns nu kanne Elefandn rumrenner!"

Nach den Angaben von der Gisela soll das Krokodil auf Befehl von seinem danebenstehenden Herrchen erst mit dem Schwanz den Putzeimer umgeschmissen und dann der Hausfrau um ein Haar den halben Arm weggebissen haben.

„Gozeidank", sagte sie, woori suu geisdesgeengwärddich und hob grood nu mein Arm zriggzäing kenner. Obber in die Fingerkobbn hodd des Viich nu neibissn."

Nach diesen Angaben neigte auch das hohe Gericht zu der Auffassung, daß ein Krokodil in den Nil gehört oder in den Tiergarten, keinesfalls aber in den ersten Stock eines Miethauses in der Südstadt.

„Derf iich edzer aa amol wos soong", meldete sich darauf der Schorsch zu Wort, „wall däi Frau, däi doud ja asuu, wäi wennera dou suwos ähnligs wäi a Saurier geengiiber gschdandn is. Mei Heiner is obber ka Groggodil, Herr Richder, sondern ein Kaiman aus Südamerika. Der beißd need, der is kanne zeha Meeder lang und der schmeißd aa nedd middn Schwoonz an Budzaamer um, need amol a Kaffeedassn. Dou hobbi vo mein Heiner a Foddo derbei.

Auf dem Bild sah man das Krokodil namens Heiner in der Größe ungefähr von einem Zwergpudel, wie er gerade aus dem Terrarium rausspitzt. Man hatte sofort den Eindruck, daß der Heiner am Genuß von der Gisela ihrer Daumenspitze unweigerlich erstickt wäre.

„Des is ungefähr asuu", erklärte der Schorsch noch die Proportionen, „wenn Sie soong, i hob in der Boodwanner a Nilbferd drinner und es is obber nerblous a Seebferdla. Und bam Heiner dreed sis hald um einen Kaiman, genauer gsachd um einen Brillen-Kaiman.

Der Prozeß wurde nach dieser überzeugenden Beweislage eingestellt. „Aha", sagte die Gisela nur noch, „a Brilln-Kaiman is des gween. Nou hobbi mer mei Fingerkubbn woorscheins an den seine Brillngläser abgeschniddn."

# Das Unter-
# bewußtsein
# im Kaffeehaus

Der Josef ist nach eigenen Angaben praktisch das Unschulds-
lamm in Person und zu jedermann sanft wie ein samtenes
Ruhekissen. Er hat noch nie jemand beleidigt, sagt er, und
seinem Kanarienvogel daheim hat er schon einmal einen zwei
Seiten langen Entschuldigungsbrief geschrieben, weil er im
Affekt „frecher Lauser" zu ihm gesagt hat. Leider hat es der
Hansi aber nicht lesen können, und er, der Josef, macht sich
deswegen heute noch die größten Vorwürfe, ob es ihm der
Hansi nicht nachträgt.

Aus diesen Gründen wundere es ihn sehr, trug er am
Amtsgericht vor, daß ausgerechnet er wegen Beleidigung
einer ihm völlig fremden Dame angeklagt sei. „Des kenndi
mer hexdns suu vuurschdelln", gab er noch an, „daß des mid

meine Selbsdgeschbräche zammhängd, Herr Richder. Iich selber wass vo denni Selbsdgeschbräche nerdirli nix. Obber ich bin scho amol allaans im Werzhaus g'hoggd und aff aamol sachd anner am Neemdiisch zu mir, daß nern mei Gschmarri vo der Bollidigg ibberhabs nedd indressierd und dassi a weng leiser reedn soll. Und aamol hodd mi anner in der Schdrasserboo zammgschissn, walli angeblich ganz laud gsunger hob „Morgenrooot, Morgenroooot, morgen bist Du toooot". Es dreed sich also, wäi gsachd, um Selbsdgeschbräche dou drinner in dere Underbewußdlosichkeid, odder wäi däi hassd."

Dieses Mal hatte dem Josef sein Unterbewußtsein im Kaffeehaus zugeschlagen und eine ihm gegenübersitzende Dame namens Marianne schwer beleidigt. „Vo weeng Underbewußdsein", sagte die Marianne, ‚der hod mi kerzzergrood oogschaud und sachd aff aamol seelnruich zu mir „Oorschluuch bläids, heer endli mit deiner Schmadzerei aff'. Mir is vuur lauder Schregg glei der Keeskoung im Hals schdeggn bliim. Nou hobbi sicherheizhalber gfroochd, obber mit den Oorschluuch vielleicht miich gmaand hodd und nou schreid er zrigg „Hald dei frecher Goschn, bläide Sulln, bläide!" Und dou mecherd der edzer sei Underbewußtsein ins Schbill bringer, Herr Richder! Dou lachi doch grood naus! Woorscheins is des aa sei Underbewußdsein gween, des wou mer dann in haaßn Kaffee iiber die Baaner gschidd hodd, hä?"

Vom heißen Kaffee war in der Anklageschrift aber nicht die Rede, nur von verschiedenen unterbewußten Anreden wie „Rimbfiech", „Aff" und „aafgschdellder Mausdreeg". Obwohl der Josef geltend machte, daß er wahrscheinlich ein Selbstgespräch mit seiner schon vor langer Zeit verstorbenen Frau geführt hat, wurde er wegen Beleidigung in mehreren Fällen zu einer Geldstrafe von 750 Mark verurteilt.

Beim Verlassen des Gerichtssaales hörte man den Josef „Hollerfiggl, saudummer" murmeln. Es blieb allerdings im Verborgenen, wen sein Unterbewußtsein damit gemeint hatte.

# Tierliebe

Die Babett ist praktisch ihr eigener Tierschutzverein, denn gegen die Wohnung der dreiundsiebzigjährigen Witwe ist der Nürnberger Tiergarten ein armseliges biologisches Vakuum. Die Babett hat ein Fürsorgeamt für asthmatische Tauben, päppelt abgestürzte Spatzen auf, liebt Regenwürmer wie sich selbst und hält sich außerdem in ihrer Zwei-Zimmer-Wohnung Wellensittiche, Kanarienvögel, Katzen, Hunde, Goldfische, Hamster, alte Ölsardinen und einen großen Pappkarton voll weiße Mäuse.

Bei der Verhandlung am Amtsgericht ist es zuerst aber nicht um die Tierliebe von der Babett gegangen, sondern um ihre Liebe zu fremdem Eigentum. Sie ist wegen Ladendiebstahls angeklagt gewesen – und das leider schon zum drittenmal! Die Babett betrat den Gerichtssaal mit einem Pappkarton und einer großen Handtasche und hörte sich die Vorwürfe vom Herrn Staatsanwalt, denen zufolge bei ihr während eines Kaufhausbesuchs unbezahlte Damenstrümpfe gefunden worden sind, gelassen an.

Ob es stimmt, fragt der Richter, daß sie die Strümpfe gestohlen hat. „Gschdulln", sagte sie, „hobbi däi Soggn nedd, wall iich nu nie wos gschdulln hob. Obber wenns in meiner Daschn drinner woorn, nou woorns drinner! Und obs edser neigfluung sin odder obs mer anner neigschmuggld hodd, des is worschd, Herr Richder – beschdroofd mous des aff jeedn Fall wern."

Jawoll, sagte der Herr Rat, und es muß sogar drastisch bestraft werden, weil es bereits das dritte Mal war, und die Babett soll sich schon einmal vorsichtshalber auf zwei bis drei Jahre Zuchthaus einstellen. „Dou hobbi scho dermiid grechnd", antwortet die Babett, „des is mir Worschd. Obber meine Diere is des hald nedd Worschd, Herr Richder. Und wenns mi eischberrn, nou mäins aa in Hansi, in Heiner, in Wasdl, die Greedl, in Waldi und mei Minzerla eischberrn. Und in Bubi und die Maus aa!"

Wer diese Damen und Herren sind, wollte der Herr Amtsgerichtsrat wissen. „Also", sagte die Babett, „der Hansi is a Wellnsiddich, die Greedl is a Hamsder, der Heiner is mei Daggl, es Minzerla is die Kadz, der Waldi is a Goldfiisch, der Bubi is a Babbagei und die Mausi is a glanns Äffla." Danach hob die Babett den Pappkarton auf den Richtertisch, öffnete den Deckel und es sprangen ungefähr zwanzig weiße Mäuse vor den erstaunten Augen der Justiz in die Freiheit. „Und meine Maisla", erläuterte sie, „däi lassi Ihna alle dou, Herr Richder, bissi widder ausn Gfängnis rauskumm. Denni geems jeedn Dooch a weng suu Weiznkeime und a Wasser, gell. Und boodn mäinsis alle zwaa Wochn, obber nedd zer haaß, sunsd gengers ei."

Der Herr Rat verurteilte die Frau Zoodirektor dann doch nur zu einer Geldstrafe von dreihundert Mark und befahl ihr, die weißen Mäuse sofort wieder einzusammeln, weil er sonst seinen Kater auf sie losläßt. „Wos", sagte die Babett zum Abschied, „an Kater hom Sie? Woorn'S gwiss bsuffn gesdern?"

# Das Geheimnis
# der Tragbahre

Das Kleeblatt, das in jener Dezembernacht früh um drei das Wirtshaus verlassen hat, hätte man ohne weiteres in einen Weinkeller zur Nachgärung legen können, so waren die vier Freunde der Nacht abgefüllt. Immerhin ist aus den vier gediegenen Vollräuschen aber wenigstens ein Aktenzeichen geworden, weil in ihnen damals der Wunsch entstanden ist, daß man mit dem Auto heimfährt.

Das Los ist auf den Ludwig gefallen, weil er während dieser Besprechung in einer Telefonzelle gelegen ist und geschlafen hat und sich nicht wehren konnte. Er war der Betrunkenste von allen und ist infolge dessen bereits nach den ersten Metern Autofahrt von einer Polizeistreife aufgehalten worden.

„Der Moo", sagte der Polizist jetzt vor Gericht, „der mousi an die Audo-Diir oogleend hoom. Wall, wäi iich die Diir aafgmachd hob und gsachd hoh ‚Fahrzeuchkondrolle' isser rausgfluung und schdreggsderlengs aff der Schdrass dorddn gleeng."

Angesichts dem Ludwig seiner horizontalen Notlage ist auf dem Nebensitz geistesgegenwärtig sofort der Manfred eingeschritten. „Um Godz Willn", schrie er aus dem Auto, „edzer hodder widder sein ellibdischn Anfall. Serfodd die Sanni ooruufn! Edzer gäids aff Leem und Dood! Allmächd naa, der Ludwich! Serfodd die Sanni hulln und ins Kranknhaus!"

Die Polizei war zwar mehr der Ansicht, daß der Ludwig sturzbetrunken ist, aber sie alarmierten dennoch die Sanitäter, die auch kurz danach eintrafen, den Ludwig auf die Bahre hoben und ihn gerade einschieben wollten, wie der Manfred noch einmal aktiv wurde. „Der Ludwich", schrie er die Sanitäter an, „der mous an Drobfer und der Nodarzd soll kummer. Der is doch gliinisch scho iibern Jordan. Ihr Doldi gedd ja mid dem um, wäi middern Schdigg Viich. Ihr seid doch Medzger, obber kanne Sanni!"

Der Streit uferte in leichte Handgreiflichkeiten aus und wie er halbwegs geschlichtet war, fehlten auf einmal vier Dinge: Die zwei anderen Schluckspechte, die inzwischen auch aus dem Auto geklettert waren, der Ludwig und die Tragbahre.

„Ja maaner Sie", sagte der Arthur auf der Anklagebank jetzt zum hohen Gericht, „maaner Sie, mir loun unsern Freind schderm, blous wall die Sanni a weng raffn hom wolln. Asuu gäids doch wergli nedd. Und dou hommer nou die Droochboorn zammds in Ludwich baggd und sin in Richdung Kranknhaus grennd!"

Dort sind die Tragbahrentransporter aber nie angekommen. Und wo sie sonst mit dem Ludwig hingewetzt sind, darüber haben alle vier mangels Erinnerung die ärztliche Schweigepflicht verhängt. Und das Gericht vier Strafen: Der Ludwig, der weder an elliptischen noch an epileptischen Anfällen leidet, muß seinen Führerschein ein Jahr abgeben, für den Manfred wurden es drei Monate mit Bewährung und fünfzehnhundert Mark Geldbuße und für die zwei Tragbahrenträger je zweitausend Mark.

„Des hoddmer derfoo", sagte der Arthur nach dem Urteil, „wemmer erschde Hilfe leisded."

# Der Django aus der Werderau

Unter der Woche ist der Hermann ein völlig normaler Mensch, aber ab Freitagnachmittag, wenn das Wochenend beginnt, wird aus dem Büroangestellten praktisch der Rächer der Enterbten und der Schrecken aller Indianer.

Mit Cowboy-Hut, Fransenweste, Lederhose, Stiefel und Sporen schreitet da der Hermann durch die Vorstadt, daß man meint, es dreht sich um den bekannten John Wayne persönlich. Dazu kommt noch der berühmte stählerne Blick aus eiskaltem Auge, in dessen Bereich keinerlei Widerspruch geduldet wird.

Spinnen an sich ist noch nicht strafbar, aber jetzt hat es den Django von der Werderau doch erwischt und er ist wegen verschiedener Delikte vor dem City-Council, beziehungsweise Amtsgericht gestanden. Schuld war im Grunde genommen nur das Feuerwasser, von dem der Hermann an jenem Samstag reichlich eingeschüttet hatte.

Als Zeuge wurde der Georg vernommen, der bis zu jenem Nachmittag die besonderen Gesetze der Prärie noch nicht kennengelernt hatte. „Ich schdäih mid mein Audo", sagte der Georg, „dou an der Ambl in der Dianaschdrass, aff aamol reisd der Moo die Diir aaf, hoggd sie neeber miich hii, zeichd mer an Scherriff-Schdern und schreid mi oo ,Indianer-Iiberfall in Longwater – reid suu schnell wäisd koosd!'"

Mit Longwater war selbstverständlich Langwasser gemeint und um seinem Fahr- beziehungsweise Reitbefehl den nötigen Nachdruck zu verleihen, zog der Django wegen der Alarmstufe eins seinen Revolver.

Also raste der Georg befehlsgemäß zum Indianerüberfall nach Longwater und der Django eröffnete plötzlich aus dem Fenster das Feuer. Nach sechs Schüssen, glücklicherweise mit Platzpatronen, erklärte er dem zu Tod erschrockenen Georg: „Des woorn scho widder die Abadschn – däi Dreegsai, däi dreggerdn!"

In Longwater angekommen bedrohte der hochbetrunkene Indianerschreck den Georg mit dem nachgeladenen Revolver, bemächtigte sich seiner Brieftasche mit zweihundertfünfzig Mark und verschwand dann in seiner neuen Eigenschaft als Klauboy schwankend zwischen den Hochhäusern. Wie er gerade im achten Stock drei weitere Apachen abschießen wollte, hat ihn die Polizei festgenommen.

Geistig wurde der Hermann vom Gericht für völlig normal befunden, lediglich die zweieinhalb Promille vom Feuerwasser und seine tiefe Reue wurden ihm stark mildernd angerechnet. Immerhin kam ihm der Indianerüberfall aber noch auf zwölf Monate Jail-House mit Bewährung und eine Geldbuße von zweitausend Mark.

„Okay", sagte der Hermann nach dem Urteil, „und so long, Herr Richder, gell!"

# Der Wildnismann

Der Erich ist ein Spezialist für Marktlücken und so hat er
heuer im Frühjahr in verschiedenen Fachblättern inseriert,
daß er für einen kleinen Unkostenbeitrag von fünftausend
Mark aus ganz normalen Hampelmännern im Handumdre-
hen geländegängige Reinhold Messners macht. „Für streßge-
plagte Manager", hatte er versprochen, „biete ich ein Sensa-
tionsprogramm: 10 Tage Überlebenstraining in der Wildnis.
Anreise frei, Ausrüstung wird gestellt." Er selbst stellte sich
als ein „in allen Dschungeln der Welt erprobter Wildnis-
mann" der Kundschaft vor.

Trotz der Sensation war der Andrang für die 10-Tages-Reise
in den Urwald nicht überwältigend: Ein Straßenbahner und
zwei kaufmännische Angestellte erschienen in einem Restaurant, wo dann Näheres mitgeteilt werden sollte. Der zweite
Treffpunkt war jetzt das Amtsgericht, weil das tatsächliche
Angebot mit der versprochenen Leistung doch nicht so ganz
mithalten hat können. „Mir hom", erinnerte sich der Otto,
einer von den drei zukünftigen Dschungelmännern, „als
erschdes an suu an glann Blasdigg-Kombaß gräichd, wou ba
der Gwelle zwaa Marg fuchzich kosd, a glanne Duum mid
anner schdingerdn Salm drinner geecher Moskiddo und a

Landkarddn vo Afrigga. Und nou hommer an Dausnder Vorschuß zooln mäin."

Die tausend Mark zahlte aber nur der Otto, während die beiden anderen Herren nach Empfang der sensationellen Ausrüstung auf das Überlebenstraining verzichteten. „Er hodd nou gsachd", erzählte der Otto weiter, „daß des nix machd, wemmer nerblous zu zweid sin, wall nou konner si besser aff miich konzendriern."

Zur Vorbereitung auf die Regenwurm-Safari legte dann der Erich noch ein kurzes Trainingslager im Reichswald fest. Es handelte sich dabei um eine Nachtwanderung mit zweifachem Zweck. Erstens wollte der Erich seinem Kunden verschiedene Angstpsychosen in Verbindung mit der Einsamkeit in der Prärie austreiben und zweitens waren die nächsten tausend Mark fällig. „Mir hom uns", sagte der Otto, „korzz vuur Middernachd am Schmausnbugg droffn und iich hob die Ausrisdung miidbringer mäin, hodder gsachd. Aa die Muggn-Salm, obwohls am Schmausnbugg ibberhabbs kanne Moskiddo gibd. Nou simmer in Richdung Brunn gloffn und dauernd an die Baim hii g'hudzd, walls suu finsder woor. I glaab a Daschnlambn wär gscheider gween, wäi die Moskiddo-Salm. Korzz vuur Brunn hobbi nou mein zweidn Dausnder zooln mäin – und aff aamol binni mudderseelnallans im Wald gschdandn!"

Erst nach vier Stunden Todesangst ist der Otto ziemlich ramponiert in der Nähe von Laufamholz wieder in die Zivilisation getaumelt. Der Erich ist drei Wochen später in diesem Restaurant festgenommen worden, wie er an vier Herren gerade ihren Kompaß und die Tube Moskito-Salbe verteilte. Wegen Betrugs wurde er zu einer Freiheitsstrafe von sieben Monaten verurteilt. „Obber i mechd scho biddn", sagte der Erich nach dem Urteil zu seinem Prozeßgegner Otto, „dassi nou weenigsdns mei Ausrisdung widder gräich." „In Kombaß", sagte der Otto, „konnsd widder hoom. Obber die Moskiddo-Salm brauchi, wall däi hobbi ba mir im Abodd drinner hänger weecher die Muggn."

# Rot wie Blut

Der Paul und der Erwin haben zusammen ein sechsstelliges
Bankguthaben, allerdings sind die sechs Stellen von dem
Vermögen leider nicht vor, sondern höchstens hinter dem
Komma. Mit anderen Worten sind die zwei Kumpel unter
dem Sternkreiszeichen „Ständig Stier" geboren. Wenn sie
dann einmal ein oder zwei Pfund irgendwie auf ihre Seite
bringen haben können, dann zerrinnt es ihnen sofort erstens
unter der Hand und zweitens in der Gurgel. Danach bricht
dann wieder die schon in der Bibel gefürchtete Dürreperiode
aus.

In einer solchen Situation ist dem Paul und dem Erwin eine
gute Idee eingefallen für die Finanzierung der nächsten
Schluckimpfung. Der Paul hat einen großen Eimer rote Farbe
beschafft und dann sind sie in einer Nacht vom Freitag auf
den Samstag in der Nähe eines für seinen Promillegehalt sehr

berühmten Wirtshauses auf der Lauer gelegen. Kurz nach zwei Uhr war es dann soweit. Ein Herr namens Richard ist in den für solche Abende typische Kreiselbewegung aus dem Gasthaus getaumelt, hat sich in sein Auto gesetzt und den Motor angelassen. Der Richard ist langsam angefahren und plötzlich hat er einen Schrei vernommen, wie wenn eine Kompanie Stadtindianer auf dem Kriegspfad ist. Es war der Erwin, der blutüberströmt auf der Straße gelegen ist. „Hilfe", hat er geschrien. „Hilfe, iich glaab, iich verbloud! Mei Kubf, auerlauerlaa, mei Kubf, helfd mer hald anner!"

Der Richard hat sofort gebremst, und schon ist neben ihm der Paul gestanden und hat rumgeschrien, daß es sich bei dem Autofahrer um einen Mörder handelt, daß man die Polizei alarmieren muß und den Rettungshubschrauber und daß sein Kumpel auf der Straße bereits in den letzten Zügen liegt.

Gegen den Rettungshubschrauber hätte der Richard nichts einzuwenden gehabt, aber gegen die Polizei. Also hat man sich so geeinigt, daß der verblutende Kumpel am Rücksitz ins Krankenhaus gefahren wird und der Richard die Behandlungskosten bar entrichtet. „Wos kosdn nou des?" fragte er den Paul während der Fahrt. „Wäivill hosdn derbei?" fragte der Paul zurück. Es fanden sich dreizehnhundert Mark bar, eine goldene Armbanduhr und ein silberner Ring und der Paul war der Meinung, daß man damit die Lebensrettung vom Erwin schon finanzieren kann.

Am andern Tag entdeckte dann der Richard, daß das Blut im Auto aus Ölfarbe besteht, und weil er wieder nüchtern war, ging er zur Polizei.

Am Amtsgericht leugneten die zwei anfänglich den fingierten Unfall, aber hinterm Ohr vom Erwin und am Hals war acht Wochen nach dem Blutbad noch die rote Ölfarbe aus dem Eimer zu sehen und es machte jeweils sechs Monate auf Bewährung. „In Resd vo eiern Farbaamerla", sagte ein Zuhörer zum Paul, „den kennder doch bam Roudn Graiz als Bluudschbende abgeem – dou gibds aa a boor Märgla derfiir."

# Spargel mit Beilage

Ein halbes Menschenleben lang verkauft die Frieda in der Südstadt unter ihrem rotweißen Schirm schon Obst, Südfrüchte und Erzeugnisse aus der eigenen Heimaterde, aber so eine Sauerei, hat sie dem Amtsgerichtsrat ganz im Vertrauen mitgeteilt, ist ihr noch nie passiert. Die Sauerei stammte ursprünglich von einem Rauhhaardackel, der an jenem Samstag der Frieda ihren Obststand mit einer öffentlichen Toilette verwechselt hatte.

„Wemmer", sagte die Frau Angeklagte jetzt, „wemmer schdadds an Hund eine wandelnde Oodlgruum hodd, nou mous mern an die Leine hänger. Obber däi Sau vonnern Hund dou, däi is frei rummgloffn! Und iich hob grood mid der Kundschafd blauderd und hob nedd aafbassd. Und wäi iich aus Verseeng am Buudn nooschau, hoggd der Hundsgribbl in anner Kisdn mid den deiern franzeesischn Schbargl drinner und machd dou sei Gschäfd. Es Bfund um acht Marg, Herr Richder!!!" Womit die Frieda den Spargel und nicht das Geschäft des Rauhhaardackels meinte.

Der Anton ist das Herrchen des vierbeinigen Düngemittels und war als Zeuge geladen. „Suwos", sagte er, „konn doch an jeedn amol bassiern, obber dann brauchd mer si doch nedd suu aafirn, wäi däi Frau. Schdellns Ihna vuur, Herr Richder, däi hodd mein Lumberla mid ihre drimmer Graudschdampbfer an Driid geem, dasser ohnmächdi am Bflaster dorddn gleeng is. Und des weecher an glann Haifla Hundedreeg. Dou hodd mer fasd nix gseeng derfoo. Des woor need gräißer wäi a Hooserbemberla. Des hosd in den Schbargl middern Migroskob soung mäin."

Der Herr Amtsrichter war nach der Aussage vom Anton auch der Meinung, daß der Fußtritt von der Frieda eine Überreaktion gewesen ist. Zumal die Exkremente vom Lumpi offenbar nicht größer waren als ein Schusser. „Ja dou schau her", sagte die Frieda, „edzer mäin mir Margdfrauen woorscheins in Zukumbfd fiir die arma Hunderla under jeedn Schdand an glann Abodd hiischdelln. Und außerdem, Herr Richder, woorn des kanne Exemende und kanne Schusser, wou der dou hiigsedzd hodd, sondern a schäiner Haufn Scheißdreeg!"

Sodann nahm die Bauersfrau ein sorgfältig verknotetes Tuch, öffnet es auf dem Tisch der hohen Justiz und zum Vorschein kam dem Lumpi sein seinerzeitiger Sauhaufen. „Edzer soongs selber", fragte die Frieda, „ob des a glanner Schusser is. Die Hälfd vo mein Schbargl hobbi wechschmeisn mäin!"

Der ungewöhnliche Indizienbeweis kostete der Angeklagten erst eine Ordnungsstrafe in Höhe von hundert Mark und zusätzlich wurde sie wegen dem Fußtritt noch zu zweihundert Mark verurteilt. „Da hosd dein Scheißdreeg widder", sagte die Frieda nach dem Prozeß zum Anton und drückte dem erstaunten Zeugen den gesamten Inhalt des Tuches in die Hände.

# Die überfahrenen Finger

Bei kaputten Gewehren, beim Fußball und bei Menschen, die viel Bohnen gegessen haben, können Schüsse manchmal nach hinten losgehen. Auch beim Edi, einem bekannten Trinker und Sumpfhahn aus der nördlichen Vorstadt, ist jetzt ein Schuß gewaltig nach hinten losgegangen. Der wandelnde Bier-Container, der rein biologisch auch ins Reich der Vögel eingeordnet werden kann in seiner Eigenschaft als Schnaps-drossel, ist heuer an einem der ersten lauen Frühlingstage mit seinem Auto ins Fränkische ausgefahren und hat in einem lauschigen Biergarten seinen eigenen Rauminhalt neu ver-messen. Dabei hat sich am Ende herausgestellt, daß in den Edi genau fünfzehn Zwetschgenschnaps und zwölf Seidlein Bier à 0,5 Liter hineinpassen.

Er war mit dem Ergebnis sehr zufrieden und ist mit einer entsprechenden Fröhlichkeit ins Auto eingestiegen. Womöglich wäre die Fahrt zurück in die Heimat sogar ohne Zwischenfälle verlaufen, wenn der Edi nicht die großzügige Straßenbreite ganz für sich in Anspruch genommen hätte und hinter ihm nicht noch ein Auto mit dem Wilfried am Steuer aufgetaucht wäre.

„Der Moo", sagte der Edi jetzt vor Gericht, „der is mer vielleichd ganz schäi affn Oorsch ganger. Der hodd mi dauernd iiberhulln wolln – und zwor aamol rechds, aamol lings und manchmol isser aff zwaa Millimeeder aff miich draff gfoorn, dassi gmaand hob, er will mi oomdriiber iiberhulln. Iich woor nu hunderdundbrozend fahrdichdich, Herr Richder, obber wennder dauernd anner hindn neiblend und aff die Hubbn driggd und lings und rechz fäärd – dou mousd ja ganz damisch im Kubf wern!" Der Edi ist jedenfalls in seiner Angst schätzungsweise nur noch fünfzig Stundenkilometer gefahren und vor einem unbeschrankten Bahnübergang ist er zum Entsetzen vom Wilfried vollkommen stehen geblieben, ausgestiegen und hat sich hingelegt. „Vo weeng hiiigleechd", empörte sich der Edi, „iich bin ein vorsichdicher Audofoorer. Und drum hobbi mid mein Ohr aff der Schiener g'horchd, ob nedd vielleichd a Eisaboo kummd. Und in dem Momend, Herr Richder, zäichd der ander an mein Audo vobbei und fäärd mer genau iiber die Händ driiber! Des woorn vielleichd Schmerzzn!"

Im nächsten Dorf alarmierte der Edi sofort die Polizei und wollte den Wilfried wegen Körperverletzung anzeigen. Aber der Schuß ging wie gesagt nach hinten los, und zwar in dem Moment, wie der Edi bei der Ankunft der Streife ausgestiegen und hingefallen ist. Für die 2,4 Promille setzt der Edi ein dreiviertel Jahr mit dem Autofahren aus und zahlt noch viertausend Mark in die Gemeinschaftskasse. „Und däi fimbf Finger vo meiner rechdn Händ", sagt der Edi noch, „wou mer der Doldi driiber gfoorn is, däi konn i in Zukumbfd als Flachzanger odder als Buchzeicherla verwendn, hä?!"

# Der unerwünschte Schlachtenbummler

Hin und wieder besucht der Erich eine Dame, die ihre Geschäfte entweder am Liegesitz im Auto oder bei freundlicher Witterung auf einer kleinen Waldlichtung im Freien verrichtet. Jetzt ist der Schürzenjäger vom Silberwald vor Gericht gestanden – allerdings nur indirekt wegen des regelmäßigen Forstverkehrs.

„Normool", erklärte der Erich dem Herrn Vorsitzenden, „hob iich aff der Anklagebank ibberhabbs nix verluurn. Wall die Wilzau bin nedd iich, sondern der Moo dou!" Bei dem Mann handelte es sich um den Wilhelm, der sich an jenem ungewöhnlich warmen März-Nachmittag angeblich nach Art des Niederwildes an den Erich und sein Fünfzig-Mark-Nymphlein angepirscht hatte.

„Iich bin grood middndrinner", drückte sich der Angeklagte sehr plastisch aus, „dou merg i aff aamol inschdingdiif, daß mir zwaa nedd allaans sin. Und in dem Momend sichi, wäi der

153

Moo hinder an Birngnbaimla schdäid und seine Aung hom si rausgwälzd wäi a Feldschdecher. Nou hobbis nerdirli middi Nervn gräichd, Herr Richder, und es is leider nix mehr ganger mid mein Dings ... also mid mein Underleib."

Angeblich soll es aber bei dem Zuschauer im Unterleib einwandfrei funktioniert haben und das hielt der Erich für ausgesprochen ungerecht. „Iich Doldi", sagte er, „zool dera Aldn an Fuchzger und däi Dreegsau vonnern Schlurcher machdsi aff mei Rechnung an schäiner Nachmiddooch! Suu gäids doch nedd, Herr Richder. Mir leem doch in einen Rechdschdaad, odder nedd?"

Rein rechtsstaatlich also war der Erich damals aufgesprungen und hatte trotz des Handicaps seiner Hose in der Kniekehle den Wilhelm nach einer kurzen Verfolgung gestellt, zehn Minuten lang abgewatscht und danach dringend fünfzig Mark verlangt.

Als sich der Wilhelm weigerte, seinen Tribünenplatz in einer derart horrenden Höhe zu begleichen, nahm ihm der Erich die Brieftasche mit dreihundertfünfzig Mark ab und verschwand.

Ob er diesen Akt für rechtens halte, fragte ihn der Herr Amtsgerichtsrat. „Fraali", sagte der Erich, „und ich mechd scho rechd schäi biddn, daß dou a weng a Freischbruch rausschaud."

Zur Verwunderung des Herrn Angeklagten, der wegen Körperverletzung auch schon ein bißchen vorbestraft war, schauten aber sechs Monate Mannertstraße raus.

„So", sagte der Erich, „ins Gfängnis mous i nei? Und wennder a suu a Wilzau an bei einer indimen Sache zouschaud, nou gräichd mer nix! Des is a Ding! Dou konni ja es nexd mool, wenns mi widder driggd mid mein Maadler aa ins Schdadion gäih. Vielleichd kummer nou aa a weng mehr Zuschauer zon Glubb!"

# Ein Goldzahn
# auf Wanderschaft

Der Robert muß sich beim Kauen und Beißen im Mund auf links oben und rechts hinten beschränken, weil an allen anderen Stellen im Mund praktisch ein starker Kieferkahlschlag Raum gegriffen hat. Oder mit anderen Worten, an den Zähnen hat der Zahn der Zeit genagt. Vor allem links oben thront im wahrsten Sinne des Wortes dem Robert sein Goldstück. Ein letzter Zahn, der sich nicht nur täglich bei der Zerkleinerung aller Speisen von der Stadtwurst bis zum Schnitzel bewährt, sondern auch noch reichhaltig mit kostbarem Zahngold gefüllt ist. „Wenni amol goornix mehr hob", hat der pensionierte Eisenbahner schon oft im Kreis seiner lieben Mittrinker geäußert, „nou bleibd mer immer nu mei Goldschdiggla in der Goschn drinner. Dou langer kanne dausnd Märgla, wou i dou derfiir nu griing dääd."

Oft hat der Robert seine Zeche ein paar Monate bargeldlos am Bierfilz stehen lassen und genausooft hat ihm der Wirt, der Heiner, geraten, daß er halt der Einfachheit halber einmal kräftig zubeißt und seinen Goldzahn zum Zahlen auf den Tisch des Hauses spotzen soll. Ausdrücklich hat der Heiner jetzt am Amtsgericht versichert, daß der Robert diese verschiedenen Zahlungsaufforderungen als Spaß auffassen hat sollen.

An einem Freitagabend letztes Jahr im Dezember war es dann kein Spaß mehr. Der Robert hat am Stammtisch Roulade mit Stopfer und gem.-Salat gegessen und jeden Bissen sorgfältig zwischen Gold- und Eckzahn kreisen lassen. Er war schon beim letzten Stück Fleisch. Der Heiner hat angeblich in verdächtiger Eile den Teller abgetragen, wie der Robert auf einmal in die Höhe gesprungen ist und geschrien hat „Windbeidl, Verbrecher – kanner verlässd in Saal!" Sein Goldzahn hatte das Zeitliche gesegnet und war im Wert von tausend Mark spurlos verschwunden.

Der Robert telefonierte sofort nach der Polizei und bis zu ihrem Eintreffen teilte er den Wirtshausgästen lautstark mit, wo er den Golddieb vermutet. „Iich wass scho Bescheid", schrie er „däi Dreegsau vonnern Wird hodd si mein Zahn undern Noogl grissn. Der mous mer bam ledzden Bissn in Schdobfer neigfluung sei und der Verbrecher hodd des gseeng und serfordd alles abgraamd. Wardd ner Freindla, dou schdäid Zuchdhaus draff. Des is ein Raubiiberfall, wallsd mer exdra suu a hardde Ruuloodn affn Deller draff hosd."

Die Polizei nahm dann den Robert und den Heiner vorläufig in Gewahrsam, aber der Goldzahn tauchte nicht auf. Erst am andern Tag, und zwar beim Robert in der Kloschüssel. Er hatte den Goldzahn verschluckt.

Die Entschuldigungen damals hatte der Heiner nicht angenommen, weil er sich nicht ungestraft vor allen Gästen als Verbrecher beschimpfen läßt, und der Robert mußte wegen Beleidigung 600 Mark zahlen. „Des machd nix", sagte der Robert nach dem Urteil, „wall dou gibbi Ihna mein gschissner Goldzahn und nou gräichi no logger vierhunderd Märgla raus."

# Glockensturm

Die Woche über ist der Karl ein Biedermann, wie er im Buch steht, und er könnte in dieser Zeit ohne weiteres auch als Unschuldsengel am Firmament schweben. Erst am Freitagabend tritt eine gewisse Wandlung ein. Er ringt dann mit dem Teufel Alkohol und meistens gewinnt der Alkohol den Ringkampf haushoch. In diesem Zustand hat der Karl schon Fensterscheiben eingeschmissen, im Tugendbrunnen nacktgebadet und in einer Tierhandlung eingebrochen, weil er den Goldfischen die Freiheit wieder schenken wollte. Er hat sie in den Gully gleiten lassen, und sie sind wahrscheinlich in der Kläranlage zermalmt worden.

Lange Zeit ist es um den Karl ruhig gewesen, aber jetzt hat er nach so einem inneren Waschtag wieder zugeschlagen. Zwischen fünfzehn und zwanzig Pils vom Faß sollen es gewesen sein, sowie eine nicht mehr eindeutig feststellbare Anzahl Asbach, die ihn in der Nacht vom Freitag auf den Samstag außerordentlich beflügelt haben.

Zufällig, so äußerte er sich gegenüber dem Gericht, hat er eine große Rolle Klebestreifen dabeigehabt und auf seinem schwankenden Heimweg ist wie aus dem Nichts plötzlich ein zwölfstöckiges Hochhaus aus dem Boden aufgetaucht mit sechsunddreißig darin tief und fest schlafenden Mietsparteien und außen sechsunddreißig Klingeln. „Nou hobbi mer dengd", sagte der Karl auf der Anklagebank, „dou mach mer edzer amol a weng an Gloggnschdurm. Obber ba sechserdreißg Gloggn – des woor mer fasd a weng z'vill. Wall, bisd dou die ledzde Glingl driggd hosd, kummer ja scho die erschdn Laid und hauer der vielleichd anne aff die Waffl naaf."

Also bediente sich der Karl des einwandfrei funktionierenden Klebstreifens, indem er ihn fest auf die drei Reihen Klingeln drückte und dann hinterher den Verlauf des nächtlichen Probealarms verfolgte. Sechsunddreißig Klingeln in den verschiedensten Tonlagen und Melodien läuteten dauerhaft durch die Nacht, vom Parterre bis zum zwölften Stock wurde es überall Licht, man diskutierte im Nachthemd, im Bademantel oder nur mit der Unterhose bekleidet, dann wurden die Klebestreifen entfernt und zwanzig Minuten später installierte der Karl seine selbstgemachte Alarmanlage wieder.

Insgesamt wurden die sechsunddreißig Mietparteien in dieser Nacht fünfmal aus dem Bett gejagt. Manche von ihnen waren einem Nervenzusammenbruch nahe, einige wollten noch in der Nacht kündigen und einer schilderte dem Gericht, daß er sich vor lauter Verzweiflung beinahe in die Tiefe gestürzt hätte. Nur die Tatsache, daß er im Parterre wohnt, hat ihn davor zurückgehalten.

Der Karl wurde wegen der nächtlichen Ruhestörung zu einer Geldstrafe von 2500 Mark verurteilt. „Dou gäih iich in die Berufung", sagte der Karl „weil dou mäißerd der Mesner vo der Lorenzkerch ja mindesdens scho dreimool leemslänglich gräichd hoom."

# Ohrenschnalzen

Der Kurt ist schön wie seinerzeit der Adonis und könnte ohne weiteres „Mister Germany" werden, wenn er nicht einen kleinen Geburtsfehler hätte. Er hat so abstehende Ohren, daß er bei stürmischem Wetter eigentlich einen Flugschein bräuchte.

Oft muß er sich wegen seiner topfdeckelartigen Hörmuscheln lustige Vergleiche aus dem Tierleben gefallen lassen. Zum Beispiel, daß der Unterschied zwischen ihm und dem indischen Elefanten aus den weitaus kleineren Ohren vom Elefanten besteht oder daß für ihn das Sprichwort von dem kleinen Mann im Ohr nicht gilt. Weil beim Kurt auch ein großer Mann im Ohr Platz hätte.

Im Winter hat er sich mit Ohrenschützern vor neugierigen Blicken gerettet und im vergangenen Sommer ist er auf ein Zeitungsinserat gestoßen, das für einen Betrag von lediglich 24,80 DM zuzüglich Versandkosten vollkommene Schönheit versprochen hat. Ohne jeglichen operativen Eingriff, hat das

Inserat gepriesen, liegen die Ohren an wie bei einem Windhund im Endspurt.

„Dou hobbi", sagte der Kurt jetzt bei der Verhandlung am
Zivilgericht, „nerdirli sofodd higschriim, daß mer vo den
Zeich glei zwaa Bäggla schiggn soll. Mid Express."

Drei Tage später war er im Besitz des Wundermittels und
studierte erregt die Gebrauchsanweisung. Man hat die Ohren
vorsichtig mit einem Puder bestreuen sollen, dann den Inhalt
von zwei kleinen Flaschen mischen und ziemlich dick auftragen.

„Und nou", sagte der Kurt, „hodds g'hassn, daß mer die
Ohrn a Väddlschdund lang fesd an Kubf hiibressn mous. Und
wergli wohr – däi hom g'haldn wäi hiibeddonierd. I hob glei
mei neie Freindin oogruufn, daß mer si ooms dreffn und dass i
eine Iiberraschung hob."

Diese Überraschung traf dann auch ein, aber nicht ganz so
wie erwartet. „Mir sin a weng schbazierngonger", schilderte
der Kurt das Rendezvous, „nou hobbi mein Houd runder
und hob gsachd ‚Schadzi, schau mi amol oo – mergsd nix?'
und in den Momend mergi, wäis an mein rechdn Ohr
‚Bflobb' machd' und nou is wäi von Geisderhand vuurgschnalzd."

Die Braut war hellauf begeistert, was der Kurt alles mit den
Ohren machen kann, und kurz danach ist auch das andere
Ohrwaschel vorschnalzender Weise aus dem Leim gegangen.

Der Hersteller des Ohrenbetons ist dazu verurteilt worden,
dem Kurt die fünfzig Mark zurückzuerstatten, außerdem
darf er den Alleskleber in Zukunft nicht mehr verkaufen, weil
es gegen das Heilmittelgesetz verstößt.

„Des Middl", maulte der Beschuldigte noch nach, „is eimwamfrei. Wall des is ja normool fiir abschdehende Ohrn
gedachd gween und nedd fiir zwaa Dischdennisschläächer!"

# Ob klein,
# ob GROSS,
# das macht für uns
# keinen
# Unterschied.

Denn für uns ist jedes Anliegen unserer Kunden wichtig: Ob es um kleine oder um große Geschäfte geht: Ob Sie eine kleine Reserve auf dem Sparkonto bilden oder ein großes Vermögen anlegen möchten; ob Sie Ihr Konto überziehen oder ein neues Haus finanzieren wollen: Immer wenn Sie es wünschen, steht Ihnen ein HYPO-Fachberater zur Verfügung, Ihr Problem zu lösen. Denn unser Service ist für alle da.

Kommen Sie zu uns – wir beraten Sie gerne.

BAYERISCHE HYPOTHEKEN- UND WECHSEL-BANK
AKTIENGESELLSCHAFT

# Graf Dracula
# im Supermarkt

Eigentlich wäre alles klar gewesen, weil der Alfred schon ein paar einschlägige Buchungen und Einbuchtungen im Leitz-Ordner stehen hat und er voriges Jahr in der Faschingszeit in einem Supermarkt mit Maske und Pistole an der Kasse einen größeren Betrag abheben wollte. Normalerweise ist es ein versuchter Raub, aber der Alfred hat jetzt in der zweiten Verhandlung geltend gemacht, daß es ein Irrtum war.

Kurz vor Ladenschluß ist der vermeintliche Räuber damals an der Kasse gestanden, eine Dracula-Maske vorm Gesicht, und hat mit einer Wasserspritzpistole vor der zu Tod erschrockenen Elfriede rumgefuchtelt. Geld bekam er aber keines, weil die Elfriede ihm die Plastik-Pistole aus der Hand geschlagen hat und kurz danach schon die Polizei erschienen ist.

„Suu ein Gschmarri", sagte der Alfred jetzt, „Sie maaner gwiis, i bin aff dera ihre boor Fuchzgerla scharf gween. Iich bin doch nedd ba der Harddgeld-Maffia, Herr Richder!"

Aber normal sei es ja eigentlich nicht, meinte der Herr Richter, daß man mit einer Dracula-Maske im Gesicht zum Einkaufen geht. „Suu wors ja aa need", sagte der Alfred, „sondern es woor suu, dassi an den Samsdooch affern Faschingsball eigloodn gween bin. Un i hob nix zum Maskiern g'habd. Nou binni in des Gschäfd ganger, hob däi Dragula-Masgn browierd, und des glanne Wasserschbridzerla, hobbi mer dengd, des nimmsd aa nu miid. Und nou binni zur Kasse vuur zum Zooln."

Und was mit der Maske passiert sei, wollte der Richter wissen. „Ja suu, fraali, die Masgn – des heddi edzer bal vergessn. Also däi Masgn, däi hodd suu eimwamfrei aff mein Gsichd draff bassd, dassi woorscheinli goor nedd gmergd hob, dassis nu aafhob. Dou mousi edzer nu lachn, Herr Richder, wenni droodenk! Dou bin ich ja in den ganzn Subbermargd wäi der Dragula rummgrend und hobs goornedd gmergd!" Und dann schüttete sich der Alfred auf der Anklagebank vor Lachen aus, daß die Akten vom Richtertisch flatterten.

„Ja fraali", äußerte sich danach die Elfriede, „edzer wär des vielleichd a weng a Faschingsgaudi gween und woorscheins hodder aa nu mid Komfeddi gschmissn, hä? Dassi fei nedd lach! Worum hoddern nou zu mir gsachd „Geld her"? „Des schdimmd nedd", meckerte der Alfred dazwischen, „I hob gsachd „Edzer hobbi bal ka Geld mehr".

Nachweislich hatte der Alfred damals über hundert Mark in der Tasche, nachweislich stammten Maske und Pistole aus der Faschingsabteilung des Supermarktes und deshalb wurde im Namen des Volkes der Graf Dracula freigesprochen.

# Da bekam der Gänsschlegel Beine

Der Willi ist seit ein paar Jahren Witwer und lebt die Woche über mehr schlecht als recht von Suppenwürfeln, Hamburgern, Pommes frites und ähnlichen Plastik-Brotzeiten. Seine Kochkünste beschränken sich auf das Warmmachen von Kaffeewasser jeden Früh und auf die Herstellung hartgekochter Eier.

Einmal in der Woche aber läßt der Willi kulinarisch die Puppen tanzen und holt sich am Sonntagmittag mit einem alten Emailletopf im Wirtshaus an der Gassenschenke ein Menü vom Feinsten ab. An so einem Sonntag kurz vor Weihnachten ist auf dem Willi seiner Speisekarte ein überdimensionaler Gänsschlegel gestanden, zwei Klöße mit viel Soß und eine Portion Blaukraut. Alles war schön und frostsicher in den Topf geschlichtet, und der Willi ist mit einer starken Vorfreude in Gaumen und Magen durch einen leichten Schneefall heimwärts gewackelt. Kurz vor der Fleischbrücke hat sich an die Fersen von dem einsamen Wanderer ein Hund geheftet, bei dem man am Schwanzwedeln ebenfalls eine gewisse weihnachtliche Vorfreude erkennen hat können.

Das Unheil hat dann sofort seinen Lauf genommen. Dem Willi hat wegen der Kälte plötzlich die Nase getropft wie ein Wasserrohrbruch, und weil man sich mit den Füßen schlecht schneuzen kann, hat er den Topf mit dem duftenden Gänsschlegel und den Klößen kurz aufs Kopfsteinpflaster abgestellt. „Iich zäich grood mei Daschndichla raus", sagte er jetzt am Amtsgericht, „dou kummd des Viich vonnern Hund grumbld, schniffld an mein Duubf umernander und bissi mi verschaud hob, hodd der Gribbl scho des Gensschleegerla im Maul drinner ghabd."

Der Fußgängerzonenwolf hat aber die Rechnung ohne den Wirt beziehungsweise den Willi gemacht. „In dem Momend", schildert der Willi den Kampf ums Mittagessen, „is mer alles worschd gween. I hob dem Viich des Schleegerla widder ausn Maul rauszuung und wäi iich nou gseeng hob, daß scho die Hälfd vom Fleisch fordd gween is, hobbis'n mid aller Wuchd am Kubf naafghaud."

Bei dem Wolf handelte es sich um eine angeblich sehr zartbesaitete Hündin, wie ihr Besitzer versicherte, namens Mausi, und sie voll von dem Hieb mit dem bereits abgezullten Gänseknochen erstens einen Schock fürs Leben davongetragen haben und zweitens eine schwere Gehirnerschütterung.

Der Willi hätte wegen Tierquälerei verurteilt werden sollen. „Wenn an den Schleegl", sagte der Willi, „vielleichd die Gans nu drooghängd wär, nou kennd des midder Gehirnerschidderung scho schdimmer. Obber mid den glann Gnechla – also nou mäißerd der bläide Hund an Scheedlbruch gräing, wemmern nerblous schdreichld." Dieser Meinung schloß sich in etwa auch das hohe Gericht an und sprach den Willi frei.

# Rock me, baby!

Seit einem milden Herbstabend im vergangenen Oktober weiß jetzt auch die Irmgard, was ein Walkman ist. Damals ist die berufstätige Dame kurz nach Feierabend in die U-Bahn am Plärrer eingestiegen, wo die Passagiere in sardinenmäßiger Ordnung geschlichtet waren und die Irmgard gerade noch ein Stehplätzchen für eine Bohnenstange erwischt hat. „I hob ner blous", sagte sie jetzt am Gericht, mid an Baa schdäih kenner, middn andern Fouß binn i in irchnd anner Agdndaschn drinnergeschdandn. Und zammgwedschd woori, dassi gmaand hob, i bin in mein Moo seiner Hobby-Wergschdadd in Schraubschduug neigschbannd."

Statt auf Seniorenpaß ist die Irmgard also mehr auf Engpaß U-Bahn gefahren und an der Lorenzkirche ist trotz der Atemnot noch ein jüngerer Herr namens Walter zugestiegen. „Der woor", sagte die Irmgard, suwiisuu vom andern

Schdern, Herr Gerichdsdireggder! Gnooglde Schouh hodder oog'habt und drodz in warmer Wedder aff die Ohrn Drimmer Ohrnschidzer draff!" Bei den Ohrenklappen handelte es sich aber nicht um ein Frostschutzmittel, sondern um einen sogenannten Walkman, aus dem man für sich ganz allein lautstark und stereo Musik hören kann.

Zuerst ging es aber um die genagelten Cowboy-Stiefel. „Ich hob grood amol vorsichdich a weng nach Lufd gschnabbd", sagte die Irmgard, „dou hubfd der mir mid aller Wuchd mid sein Schischdiefl aff mein Fouß draff. Mir ist glei ganz schlechd worn vuur lauder Schmerzn und der is bridscherbraad draff schdäi bliim."

„Hallo, Herr Nachber", schrie die Irmgard, „gengers serfodd vo meine Zeher roo!" Darauf antwortete der Walter auch ziemlich laut: ‚Rock me Baby, rock me! Schubduudischubduudi Duubidudaa! Rock me!" – „Nedd vo mein Rogg – vo mein Fouß sollsd roo, du Debb!" – „Schubidudadei", sagte der Walter melodisch, weil er entrückt von der Umwelt nur die Klänge aus seinem Walkman hörte, nicht aber die Hilferufe von der Irmgard. „Dir werri glei an Dubi Dubi geem", versuchte es die Irmgard noch einmal, „wennsd edzer nedd glei vo mein Fouß roogäisd, nou grachds!" – „Dubdubduddai", sagte der Walter darauf verklärt, und dann schepperte es auf seinen Kopf, weil ihm die schmerzverzerrte Frau Nachbarin die kantige Handtasche über den Scheitel gezogen hatte.

Trotz der damals stark blutenden Platzwunde kam es vor den Schranken des Gerichts dann doch zu einer Art Versöhnung, und der Herr Amtsgerichtsrat stellte das Verfahren gegen die Irmgard wegen Körperverletzung ein. „Des wär ja aa nu schenner gween", sagte sie danach zu ihrem Prozeßgegner, „wenn iich verurdeild worn wär. Wall Sie hom miich ja aa am Kerber verledzd. Der Fouß g'herd doch zon Kerber, odder nedd?" – „Dubdubdudai", antwortete der Walter gelassen, der schon wieder seinen Walkman über die Ohren gezogen hatte ...

# Vatertag auf der Autobahn

Der Franz ist ein sehr besonnener Mensch, und es ist ihm noch nie der Gaul durchgegangen. Mit Ausnahme vom letzten Vatertag, wo mit dem stets fidelen Herrn aus der südlichen Vorstadt gleich zwei Gäule durchgegangen sind. Und zwar in einer Geschwindigkeit und einer Ausdauer, daß der Franz mit dieser Leistung ohne weiteres auch in Iffezheim oder Daglfing antreten hätte können.

Statt Iffezheim und Daglfing ist jetzt zuerst aber ein Auftritt vor dem Amtsgericht am Rennprogramm gestanden. An diesem Vatertag ist der Franz mit fünfzehn Kumpel, drei Faß Bier, einem alten Fuhrwerk und zwei stämmigen Brauerei-pferden in der Worzeldorfer Gegend unterwegs gewesen. Der Franz war früher einmal Mitglied in einem Cowboy-Klub und hat deswegen den ganzen Ausflug lang die Zügel von den zwei Pferden halten sollen. Außerdem noch den Maßkrug.

Das Halten vom Maßkrug hat einwandfrei funktioniert, das Halten der Zügel weniger. „Däi zwaa Gail", sagte der Franz zum Richter, „däi hom braggdisch gmachd, wos wolln. Wenni Hü gsachd hob, sins schdäi bliim, wenni Brrrr gsachd hob, sins derfoo grennd, daß es Bier umernanderfluung is und wäi meine Kumbl nachmiddooch gsachd hom, dassi edzer mid ihner widder hamreidn soll nach Närmberch, dou woor nou alles zerschbeed."

Unter anderem mögen die verschiedenen Widrigkeiten auch damit zusammengehängt haben, daß der Franz mit einem sauberen Lack im Gesicht am Kutschbock eingeschlafen ist. Die fünfzehn anderen Vatertagsausflügler müssen schwierigen Rekonstruktionen gemäß irgendwo bei Kornburg der Reihe nach abgesprungen sein, und wie das schöne alte Fuhrwerk mit den Girlanden und Birkenzweigen und den drei fast leeren Bierfässern auf die Autobahn eingebogen ist, war der Franz ganz allein an Bord.

„Dou derfoo", sagte er, „wass iich ibberhabbs nix. I bin aafgwachd, walls mi gfruurn hodd, und nou woors schduugfinsdere Nachd! Nou hobbi nach meine Freind geschriea und kanner hoddsi griird. Dou woori nerdirli fix und ferddich. Denni werd doch nix bassierd sei, hobbi mer dengd. In den Momend blend hindn a Audo aaf und iich sich vuur mir a blaus Schild, wou wos vo Heilbronn draff gschdandn is. Brouder, dou binni der villeichd derschroggn. I hob gmaand, i bin mid däi bläidn Gail bis nach Heilbronn gfoorn und villeichd scho a Wochn underwegs, odder wos!"

Es war aber Gott sei Dank nur ein Wegweiser nach Heilbronn, und kurze Zeit später ist der Autobahn-Cowboy von der Polizei gestoppt worden. Der Herr Amtsgerichtsrat machte es wegen der geistigen Umnachtung gnädig und verurteilte den Franz wegen eines Vergehens des Vollrausches zu einer Geldstrafe von vierhundertfünfzig Mark. „Meine Kumbl", sagte der Franz noch, „denni wern'S woorscheins in Schein zwiggn mäin, Herr Richder. Wall wos däi gmachd hom, des woor eindeudich Foorerfluchd!"

# Oben ohne
# am Kanal

Die Susanne gehört zu jenen Frauen, die sich zumindest in der Region zwischen Hose und Hals gleichberechtigt fühlen und deswegen ihre zwei Pfunde, die eventuell auch ein bißchen mehr wiegen können, beim Baden frei schwimmen lassen. Selbstverständlich auch beim Sonnenbaden.

Auffallen tut man wegen einer bloßen Brust heutzutage ja eigentlich nicht mehr sonderlich, aber bei der Susanne ihren zwei Überhängen ist es jetzt sogar gerichtsmassig geworden.

An einem völlig menschenleeren Wochentag ist sie halbnackt wie immer am Kanalstrand weit hinter Katzwang gelegen und auf einmal ist der Robert mit dem Fahrrad vorbeigekommen, hat angesichts der schönen Darbietung sofort gebremst und sich ein paar Meter neben der Susanne ebenfalls in die Sonne gelegt. „Der neie Kanool", sagte sie jetzt am Gericht, „is glaabi iiber hunderd Kilomeeder lang, Herr Richder. Dou hädds doch fiir den Moo woorscheins nu a andersch Blädzla geem wäi ausgrechnd neeber mir!"

Das war aber noch nicht das Schlimmste an dem Nachmittag. Als ausgesprochen beleidigend nämlich fand die Susanne den Monolog, den der Robert dann eine halbe Stunde lang mit Unterbrechungen hielt. „Frollein", sagte der Robert noch verhältnismäßig zurückhaltend, „Sie hom ja Ihrn Ruggsagg verkeerd rum aaf." Und über den gelungenen Scherz brüllte der Robert dann vor Lachen, daß man es kanalabwärts mindestens bis Rednitzhembach hören konnte. Die Susanne legte sich auf den Bauch. „Obachd geem bam Hiileeng", warnte der Robert, „nedd daß deine Lufdballong z'reißd."

Ein paar Minuten später fiel dem Nachbarn ein Witz ein, der wegen seines hohen Alters wahrscheinlich bald im Germanischen Museum ausgestellt wird. „Kenner'S den?", fragte der Robert, „wou si anne derschäißn will und wous in Dogggder vuurher gfroochd hodd, wou eingli bam Mensch is Herz genau is. Und der Doggder hodd gsachd a Hand breid under der Brusd. Und nou hoddser sie ins Gnäi neigschossn." Und wieder hallte das Gelächter laut über den Kanal.

Kurz danach erteilte der sprachkundige Robert der Susanne Englisch-Unterricht, und zwar fragte er, ob sie vielleicht das amerikanische Hängebrust-Lied „Hang down your head, Tom Duttley" kennt. Sofort setzte auch wieder das Gelächter ein, das inzwischen schon wie das Wiehern einer Herde Wildpferde klang.

Zum Vortrag kam danach noch die Geschichte, wo es der älteren Dame immer so heiß ums Herz wurde und der Arzt ihr deswegen dringend empfahl, statt der heißen Bouillon lieber eine Kaltschale zu essen, und dann wurde es auch der Susanne wegen der Sonne sehr heiß und der Schweiß lief ihr gut sichtbar über den Körper. Dazu machte der Robert dann seine letzte Bemerkung. „Wou Ihna edzer dou die Bräih rooleffd", sagte er, „dou mous iich unwillkürlich an mei Leibschbeis denkn – an Gloos mit Soos."

Noch während des anschließender Gelächters packte die Susanne ihre zwei Sachen zusammen, flüchtete mit ihrem Auto stadteinwärts und meldete den Herrn Lachsack bei der Polizei. Wegen Beleidigung hielt der Herr Amtsgerichtsrat im Namen des Volkes eine Geldstrafe von siebenhundert Mark für angemessen. Das Gelächter, das anschließend im Gang zu hören war, stammte diesmal von der Susanne.

# War der Mann in Schwarz wirklich blau?

Der Konrad ist Präsident von einem äußerst erfolgreichen Vorstadtverein. Und zwar liegen die Erfolge der Fußballer mehr auf geistigem Gebiet bei der Vernichtung von Himbeergeist, Kirschengeist oder Zwetschgengeist.

Der Mannschaftsgeist wirkt sich also an der Theke vom Vereinsheim viel besser aus als auf dem Fußballplatz, und es ist schon bald um den Abstieg aus der B-Klasse gegangen.

In einem vorentscheidenden Spiel ist dem Herrn Präsidenten ein sehr guter Trick eingefallen, und deshalb ist er jetzt vor dem Amtsgericht gestanden.

„Ich bin unschuldich", ließ der Konrad als erster klipp und klar wissen, „und iich bleib derbei, Herr Richder, daß der Schiezrichder an den Sunndooch einen unheimlichn Lagg im Gsichd g'habd hodd. Woorscheinli woor in den sein Pfeiferla a Schnabs drinner und schdadds neibfeifn werd der aus Verseeng immer oozuung hoom."

Das wichtigste Indiz für die Trunkenheit vom Schiedsrichter sah der Konrad darin, daß seine Mannschaft bereits nach dreißig Minuten mit 0 : 3 Toren im Hintertreffen lag. Also ist der Herr Präsident kurz vor der Halbzeit zur Tat und zum Telefon geschritten.

Kurz danach fuhr am Spielfeld plötzlich eine Polizeistreife vor, und der Schiedsrichter namens Erwin mußte auf dringendes Ersuchen der Staatsgewalt seine Pfeife mit dem Blasröhrchen vertauschen.

„Den braungs goornedd blousn lassn", erklärte der Konrad den Polizisten, „der hodd an die drei Bromill – des sichi aa ohne Röhrla. Der is der vielleichd am Bladz ummernanderdorgeld, dassd gmaand hosd, der is direggd vom Bierzeld kummer. Und schdadd Elfmeder für uns hodder aff sein Bfeiferla immer ,Hänschen glein' bfiffn. Ud es wichdigsde – er ist middn Audo dou. An suu an drimmer Rausch und nou middn Audo foorn. Herr Wachdmasder i dääd vuurschloong, serfordd verhafdn."

Zum Leidwesen vom Konrad verlief die Alkoholprobe aber negativ und es ergaben sich genau nullkommanull Promille. Folglich wurden auch die Personalien vom Konrad als telefonischer Anzeigeerstatter festgestellt und das Fußballspiel fortgesetzt.

Es endete mit einer 0 : 11-Niederlage für den Konrad seine Mannschaft. „Ich bleib derbei", sagte der Konrad, jetzt, „der Moo woor houchbsuffn. Des seengs doch scho allaans an den Ergebnis, Herr Richter."

Aber der Herr Richter blieb seinerseits auch dabei, daß der Schiedsrichter stocknüchtern war, und verurteilte den Konrad wegen des verleumderischen Telefonanrufs zu einer Geldstrafe von zweitausendfünfhundert Mark.

„Also guud", sagte der Konrad, „nou ist hald däi Foona, wou den Schiedsrichter ausn Maul rausg'hängd ist, ka Algerholfoona gween, sondern woorscheins die Egg-Foona."

# Der Mäusegriller

Der Schorsch geht sehr gern und sehr oft auf Grillfeste. Einen Holzkohlen-Abend muß sich der Vielfraß und Allestrinker im nächsten Jahr aber aussparen, und zwar den bei seinem Nachbarn. Der Heinrich trägt nämlich seit dem Abend, wo ihn der Schorsch heimgesucht hat, Trauer, und es haben jetzt am Amtsgericht vierzehn Mordfälle behandelt werden müssen. „Schuld an den Deooder", sagte der Schorsch, „woor ganz allaans der Heiner. Der hodd dreißig Laid eigloodn g'habd und dou derfir sin zwanzig Brodschwerschd im Kiilschrank gween."

Nach dem Schorsch seiner Ansicht hätte der Heiner ungefähr der Herr Jesus sein müssen, der seinerzeit ja mit einem Gnerzla Brot und fünf Hering bei der Bergpredigt Tausende von Menschen verpflegt hat. Diese Fähigkeiten fehlten dem Heiner aber leider, und so hat sich der Schorsch bei ein paar Maß Bier Gedanken gemacht, wie man das Versorgungsproblem löst. „Ner ja", sagte er, „iich bin nou in die Kichn und hob alles inschbiziert, obber außer zwaa hardde Weggla und an verschimmldn Abflmuus woor nix mehr zer findn. Nedd amol a Worschd-Schnerbfl. Und nou binni ins Wohnzimmer niiber. Bsuffn woori nadirli aa scho a weng und nou sichi aff der Gredenz den Käfich middi weißn Mais schdäih und neemdroo glei is Agwarium."

Also hat der Schorsch einen Topf mit Wasser aufs Gas gestellt, und wie es gekocht hat, sind zehn weiße Mäuse und vier Goldfische über den Jordan gegangen. „Gmergd", sagte der Schorsch, „hodd scheins kanner wos. Wäi die Mais und die Fiisch durch woorn, hobbis a weng mid Kedschabb und Sembf eigriim, hobs schäi gsalzd und bfefferd und nou hobbis drausn affn groußn Grill drafgleechd."

Bei den hungrigen Gästen meldete der Mausgriller stolz, daß es jetzt eine Spezialität gibt, und zwar einen gebackenen Flamingo in kleinen Stücken und vier Jung-Forellen. „Bläid woor nerblous", meinte der Delikatessen-Koch, „daß ausgrechnd der Heiner däi banierde Maus derwischd hodd, wou iich vergessn hob, in Schwanz zon abschneidn. Iich hob nu gsachd, daß des die Schnur is, wou iich die Flamingo-Schdiggla zammgwiggld hob. Obber er is nou soford ins Wohnzimmer neigrennd, hodd gseeng, daß der Kääfich und is Agwarium leer is und nou is nadirli es Deooder ooganger!"

Der Heiner packte seine gegrillten Mäuse und die flambierten Goldfische in einen Schuhkarton, beerdigte seine Lieblinge in aller Form und schmiß seine Gäste ohne Ausnahme hochkant hinaus.

Der Schorsch entschuldigte sich jetzt zwar beim Gericht und beim Heiner, aber er wurde trotzdem zu einer Geldstrafe von vierhundert Mark verurteilt. „Am Samsdooch", sagte einer aus dem gesprengten Freundeskreis hinten auf den Zuschauerbänken zu seiner Frau, „am Samsdooch is der Schorsch doch ba uns zum Grilln eigloodn, odder?" „Ja, fraili", sagte die Gattin. „Nou demmer glaabi in Wellnsiddich und in Daggl bis zum Sunndooch zur Oma niiber!"

# Was ist ein Hulzerla?

Der Paul ist in seinem ganzen langen Leben noch kein einziges Mal vor den berühmten Schranken des Gerichts gestanden, und er hat sich deswegen sehr wundern müssen, daß er nach einem kleinen nächtlichen Zwischenfall jetzt praktisch wie der Staatsfeind Nummer eins behandelt wurde. „Dou kummsder ja vuur", sagte der Paul angesichts der vielen langen schwarzen Nachthemden, einem Wachtmeister und sechs Polizisten, „wäi a Schwerverbrecher! Und des alles nerblous weecher an glann Hulzerla. Habe die Ehre, Herr Gesangverein!"

Der Herr Amtsgerichtsrat teilte dem Angeklagten erstens mit, daß er nach Möglichkeit nur reden soll, wenn er gefragt wird, und daß zweitens das hohe Gericht leider nicht weiß, was ein Hulzerla ist. „Nou mäins mi hald dernooch froong", sagte der Paul, „wall i derf ja blous wos soong, wenni gfroochd wer – hom Sie selber grood gsachd!"

Also bat der Richter den Paul, die fragliche Nacht mit seinen sicher interessanten Ausführungen etwas zu erhellen.

Mit drei Kumpeln war der frühere Fußballer nach einem sehr schönen Wirtshausabend damals durch die Altstadt gewankt und hatte unterhalb der Burg im Randstein einen fast schon luftleeren Gummiball gefunden, der hierzulande „Hiidschn" genannt wird. „Nou hommer", erinnerte sich der Paul, „a glanns Mädsch aafzuung. Zwaa geecher zwaa ohne Dorward. Des woor eingli scho alles."

Es war aber noch nicht alles, weil die vier Randstein-Profis nämlich im Gegensatz zum Club Zuschauer hatten und zwar in Gestalt von zwei wegen Ruhestörung alamierten Streifenwagen der Polizei. Ach ja", sagte der Paul, „des häddi ball vergessn. Däi hom uns erschd a weng zougschaud und aff aamol hodd der anne Bolli mid dera Hiidschn a weng rumgschwanzd. Nou hob nern iich in Balln abnehmer wolln, dou derbei is nou zu den glann Hulzerla kummer und nou binni verhaffd worn."

Ob er jetzt vielleicht doch, bat der Herr Amtsgerichtsrat, den Begriff „Hulzerla" näher erläutern könne. „Normool", sagte der Paul, „is des ibberhabbs nix. Mer beriird derbei mit seiner Zeherschbidz in Geechner sei Schienbaa a weng."

Der Polizist von damals stand neben dem Paul vor dem Richtertisch und der Herr Rat fragte: „Ungefähr wie berührt man dabei das Schienbein?" „Ungefähr asuu", sagte der Paul, und dann schrie der Polizeibeamte von jähem Schmerz im Schienbein gequält laut auf. „Dschuldichung", sagte der Paul, „obber homsis gseeng, Herr Richter, des woor edzer a original Hulzerla!"

Erstens wurde der Paul zu einer Ordnungsstrafe von hundertfünfzig Mark verdonnert, und zweitens wegen Widerstandes gegen die Staatsgewalt zu einer Geldstrafe von 2200 Mark. „Ja fraali", bewertete der Paul den Urteilsspruch, „zwaadausndzwaahundert Marg und in der Bundesliga gräigsd fiir a Hulzerla nedd amol die gelbe Karddn!"

# Der Tod des Kirschenbaums

Der Walter lebt schon seit ein paar Jahren von der Flasche in den Schlund und gelegentlich bessert er seine Schnapskasse durch kleine Dienstleistungen in der Nachbarschaft auf. Solche Arbeiten erledigt der Walter mit einer außerordentlichen Gründlichkeit, worüber der Franz ein Lied singen kann.

An einem Samstag im Januar ist nämlich der Walter beim Franz am Gartenzaun erschienen, hat bei den zwei sehr schön gewachsenen Kirschbäumen auf der Wiese Maß genommen und dann geläutet. „Horch, Herr Nachbar", hat er dann vorgeschlagen, „deine Baim braucherdn aa es schneidn. Fiir zwanzg Marg und a boor Bier konnsders scho als gschniidn bedrachdn. Und wennsd mer ewenduell an Zehner vuurschäißn kennsd?"

Der Franz war mit dem Baumschnitt einverstanden, und der Walter hat sich für den Vorschuß im Kiosk an der Hauptstraße mit einer schönen Portion Magenbitter die nötige Geschmeidigkeit für die Gärtnerarbeiten verschafft. Beim Dienstantritt hat er sich lange an dem einen Kirschbaum festhalten müssen, weil sich auf einmal die Welt gedreht hat, und bevor er endgültig in der obersten Astgabel gesessen ist, hat es ihn ganz oben von der Leiter zweimal auf die hart gefrorene Gartenerde gedroschen. „Vo den zwaamool Roofläing", sagte der Walter jetzt am Amtsgericht, „hob iich eine schwere Gehirnerschidderung g'habd. Und drum binni nemli unzurechnungsfächich gween, Herr Richder. Wenns des biddschenn affn Broddokoll draff schreim kennerdn, gell!"

In seiner tiefen Unzurechnungsfähigkeit, die aber auch mit den sechzehn Flaschen Bier im Lauf des Nachmittags zusammenhängen konnte, stutzte also der Walter den ersten Kirschbaum. „Ner ja", erinnerte er sich dunkel, „zerschd hobbi aff der an Seidn a weng vill Zweichla wechgschniidn. Nou hobbi nerdirli aff der andern Seidn aa aweng schdudzn mäin. Nou woors widder nedd gleichmäßich und i hob widder vo vorna oogfangd. Also Herr Richder, der Baum woor suu bläid zon Schneidn – also jeednbfall, aff aamol woorn ibberhabbs kanne Äst mehr droo!"

Der vorher sehr prächtig entwickelte Kirschenbaum glich also mehr einer einsamen Bohnenstange, und so wollte sie der Walter dann auch nicht mehr stehen lassen. Er sägte den ehemaligen Baum knapp überm Boden ab, häufte ein bißchen Erde drüber und trank dann in aller Ruhe zwei Bier. „Und nou", sagte der Walter, „is der Herr Nachber kummer und fängd mid mir es Schdreidn oo, daß vurher zwaa Kerschnbaim gween sin. Und iich hob gsachd, dasser si daischd, und es woor nerblous anner. I bin ganz durchernander gween, obs edzer anner odder zwaa odder wäivill Baim woorn. Außerdem hobbi ja aa däi Gehirnerschidderung g'habd, nä!"

Zwischen Gehirnerschütterung und dem Granatenrausch entschied sich das hohe Gericht für eine normale Sachbeschädigung und verurteilte den Walter zu einer Geldstrafe von 750 Mark.

# Ein Maulkorb
# für den Hintern

Daß der Frieder ein Tierfreund ist, wäre ein durch nichts gerechtfertigtes Pauschalurteil. Aber daß er eine vierbeinige Randsteinmischung namens Charly haßt wie die Pest, entspricht vollkommen der Wahrheit.

Der Charly gehört der Kuni ein Haus weiter und ist auch für Experten nur daran als Hund erkennbar, daß er am Hals eine Hundesteuermarke hängen hat. Von vorn schaut dieser gelungene Mischling aus wie ein abgeschnittener Esel, von hinten wie ein Reisigbesen, seine Stimme klingt wie das Krächzen einer erkälteten Krähe und wenn der Charly nach einem hinterfotzigen Attentat davonrennt, dann meint man, ein Känguruh ist auf der Flucht. So ein Hund ist also der Charly.

Was dem Frieder aber in erster Linie stinkt, ist, daß der Charly von Anfang an dem Herrn Nachbar seinen Gehsteig rund ums Gartentürchen für einen Abort gehalten hat. Und zwar für den einzigen weit und breit. „Wenn iich", sagte der

Frieder jetzt am Amtsgericht, „wenn iich ausn Haus nausgäih in der Fräih, odder wenn i nachmiddooch ins Werzhaus gäih odder nachds hammkumm – jeedsmool, obber aa jeedsmool schdeichi in den sein Gribbl sein Scheißdregg nei. Endschuldigns scho den Ausdrugg, Herr Richder, obber des koo mer nedd andersch soong. Der scheißder vielleichd Haifla hii, dassd maansd, a Elefand woor dou. Und jeedsmool schdäih iich middn drinner. In Debbich ba uns im Gang hommer scho wechschmeißn mäin, waller ganz zerfressn woor vo den sein Scheißdregg an meine Schouh."

Um die imposante Haufenbildung vom Charly hatte es zwischen dem Frieder und der Kuni schon heftige Auseinandersetzungen gegeben. „Wall", sagte der Frieder, „des is ja ka Remmonee odder wäi des hassd fiir a anschdendigs Haus, nä! I wohn ja nedd innern Scheißhaus, gell!"

Für den Frieder seinen Kummer wegen dem Charly hatte die Kuni schon ein gewisses Verständnis, aber nicht für die Art, wie sich der Nachbar dann gerächt hatte. „Iich hob an den Fräih", sagte die Kuni, „zufällich grood zon Fensder nausgschaud und nou sichi unsern Nachber vuur mein Gaddndiirla schdäih. Nou hobbi dengd, iich hob nern nedd laidn heern und drigg affn Gnobf, obber der is immer nu drausn schdäih bliim. I drigg numol draff – widder nix. Der riird si nedd vom Flegg. Nou binni nausganger, sooch heeflich ,Gumorng' und aff aamool doud der sei Huusn roo, nou sei Underhussen, nou hoggder si dereggd vuur mir hii und, und . . . also wenns der soong hodd derfn, nou derfis aa soong . . . und scheißd middn vuur meine Aung am Gehschdeich hii. Und wäi er ferddi woor, zäichder si widder oo – nedd amol abbudzd hodder si – und sachd, dasser des edzer immer suu machd, wenn der Dschaarli ba ihn hiigschissn hodd. Und nou isser ganger."

Für die sehr gelungene öffentliche Darbietung wurde der Frieder zu einer Geldstrafe von vierhundert Mark verurteilt. „Fiir dein Dschaarli", sagte er danach zur Kuni, „wisserdi aa wos – an Maulkorb, nerblous an fiir Oorsch."

# Die Brieftasche
# im Nirwana

Bis zu dem Tag, an dem ein jüngerer Herr mit dem bekannten transzendentalen Blick unter dem Lidschatten an der Wohnungstür läutete, fühlte sich der Walter eigentlich sehr wohl. Der jüngere Herr hieß Helmut, wie sich jetzt am Gericht herausstellte, nannte sich aber Bruder Schwebende Sonne oder so ähnlich, und teilte dem überraschten Walter vertraulich mit, daß er innerlich völlig krank ist und daß er ihn heilen will.

„Innerwendich soll iich krank sei?" fragte der Walter erstaunt, „dou wassi goor nix derfoo. Als glanner Bou hobbi amol an Bandwurm ghabd. Dou hodd mer mei Mudder immer a suu a weiß Bulver in mein Kakao nei und nou isser von selber widder rauskummer. Und sunsd feeld mer ibberhabbs nix."

Der Herr Bruder aus der hinterindischen Galaxis durfte dennoch eintreten und erklärte dem Walter im Flur, daß er bei seinem Krankheitsbild weniger an einen Bandwurm, sondern an die Seele gedacht hat, und daß das Nirwana vor der Tür steht. „Nirwana", sagte der Walter kurz und bündig, „hobbi aa nunni g'habd. I sooch Ihna doch, i bin kernxund."

Daraufhin erläuterte ihm der durchgeistigte Helmut, daß Nirwana nicht irgend ein Heuschnupfen ist, sondern die völlig selige Ruhe als Endzustand des Menschen, der fest an Buddha glaubt.

„An Budder", sagte wieder der Walter, „kaafi kann. Erschdns, wall mir Margarine essn und zweidns, walli an der Hausdiir suwisuu nix kaaf. Dou drehas der immer suu a Zeich naaf, wousd ibberhabbs nedd braugsd." Der angebliche Buddhist gab nun ganz plötzlich die Bekehrung vom Walter auf und verschwand.

„Und aff aamol", sagte der Walter jetzt am Amtsgericht im Zeugenstand, „aff aamol merg iich, daß mei Briefdaschn fordd is. Däi is aff den glann Schränkla gleeng und vierhunderd Marg woorn drinner."

Bei seiner Vernehmung bestritt der Helmut aber energisch, daß er mit dem geheimnisvollen Verschwinden der Brieftasche etwas zu tun hat. Aufgrund des schäbigen Vorwurfs, sagte er außerdem, sei er auch heilfroh, daß er so einem hinterfotzigen Menschen wie dem Walter nicht mehr über den Buddhismus und das Nirwana erzählt habe.

Beweise für den Vorwurf des Brieftaschen-Diebstahls gab es außerdem auch keine, und deswegen wurde der Helmut mit Glanz und Gloria freigesprochen. Darüber konnte wiederum der Walter überhaupt nicht lachen. „Edzer fällds mer widder ei", schrie er nach dem Freispruch, „wou mei Briefdaschn is. Däi ist vo ganz vo selber in des Nirwana dou neiverschwundn. Dou mousi edzer glei amol schauer, obs dou nu lichd."

# Das Goggo
# auf der Veranda

Dem Sigi ist eine Nockenwelle lieber als jede noch so verführerisch gedrehte Dauerwelle, und sein Ein und Alles ist keine Frau, sondern sein Auto, das so schnell fährt wie der Wind bei Windstille, über Pferdestärken verfügt wie ein Schwarm Seepferdchen und von Null auf Hundert beschleunigt wie der Niki Lauda zu Fuß. Es dreht sich dabei um das einzige Moped der Welt, das jemals vierrädrig und überdacht auf den Markt kam, nämlich um ein Goggo-Mobil.

Seit zwanzig Jahren ist der Sigi stolzer Besitzer von dem Zwergpinscher der Automobil-Branche und er hat es immer einwandfrei durch den TÜV gebracht. Sein letzter Termin jetzt an einem Montag früh beim Horchposten vom Technischen Überwachungsverein war aber stark gefährdet. Und daran war ein sechs Mann starker Stammtisch schuld, der am Samstag zuvor schon lang nach Mitternacht mit einem gepflegten Lack im Gesicht durch die Straße gewankt ist, wo der Sigi wohnt.

Nachts hat der Randsteinschleifer-Pilot einen ziemlichen Lärm gehört, sich aber nichts weiter dabei gedacht. Erst am andern Tag, wo er sein Frühstück auf der Veranda einnehmen hat wollen, ist ihm ein Licht aufgegangen. „Iich gäih naus aff die Derrassn", sagt der Sigi jetzt am Amtsgericht, „und nou is mer vuur lauder Schregg mei Dabledd zammds der Dassn und der Kaffeekanner noogfluung! Schdäid mei Goggo bridscherbraad aff der Feranda, Herr Richder! Zerschd hobbi gmaand, iich hob suu Hallozinzazioner, odder wäi däi hassn. Obber es woor ka Einbildung, Herr Richter – der Goggo schdäid aff der Feranda und schaud mi oo, wäi wenner aa mid Kaffee drinkn mechherd."

Zufällig hat der Sigi keinen Baukran im Haushalt und er hat in seiner Aufregung die Feuerwehr, die Polizei und den Technischen Hilfsdienst alarmiert und es war kurze Zeit später ein ziemlich unübersichtliches Durcheinander im Garten. „I hob scho zerschd ausgmessen", sagte der Sigi, „obbi mid mein Goggo vielleichd durch die Diir ins Wohnzimmer foorn hedd kenner und nou vorna zur Hausdiir widder naus aff die Schdrass. Obber erschdns woors zer eng und zweidns hodd mei Frau gscheid gmeggerd, wall frisch budzd woor. Und am Mondooch hobbi doch zon Düff gmäißd!"

Ein Autokran hievte schließlich den Sigi seinen entführten Liebling wieder von der Terrasse, und am Gericht wurde jetzt geklärt, daß ihn die sechs Stammtischkumpel in jener Nacht nur mit der Muskelkraft hinauf gehoben hatten. „Wall", hat einer von den Angeklagten gesagt, „der is ganz allaans und middn in der Nachd aff der Schdrass gschdandn. Und suu glaa isser gween! Nou hommer hald gsachd, der mous wech vo der Schdrass und nou hommern hinder in Garddn droong und aff die Feranda naaf g'huum." Sie sind dabei aber in der Nachbarschaft beobachtet worden und es hat für jeden eine Geldstrafe von dreihundert Mark gekostet.

Die paar Beulen, die der Goggo bei dem Transport erlitt, hat der Sigi längst verschmerzt. Aber er befürchtet, daß es innerlich noch nicht ausgestanden ist. „Seid dera Nachd", vertraute er dem Richter am Schluß nämlich an, „schbringd der nemmer richdich oo. Woorscheins hodd der an Schogg fiirs ganze Leem."

# Almrausch und Edelweizen

Nicht immer ist ein abgebrochenes Waschbecken, ein Überdruck auf der Blase und ein über alles erhabener Vollrausch gleich ein schwerer Sittenskandal, der die Polizei und die Justiz beschäftigt. Aber im Fall vom Georg und seiner ihm angetrauten Ruth ist das Zusammentreffen dieser drei Ereignisse während einer Nacht in der Fränkischen Schweiz ein Aktenzeichen geworden, und jetzt hat man es am Amtsgericht verhandeln müssen.

Der Gerch und die Ruth waren damals vor der Tat-Nacht mit mehreren Naturfreunden auf der Suche nach dem bekannten Almrausch und Edelweizen gewesen und haben es in dem Dorfwirtshaus zu zweit auf vierundzwanzig Zwetschger und zwölf Bier gebracht. Außerdem sind anteilig noch ein paar Maß Freibier nicht spurlos an dem fröhlichen Ehepaar vorbeigegangen.

Lang nach Mitternacht sind sie in dem Wirtshaus dann in den ersten Stock geschwebt und geflogen, wo ihr Zimmer für die Nacht vom Samstag auf den Sonntag war. Für den Heinrich, den Wirt, ist kurz danach Alarmstufe eins gewesen.

Ursprünglich war der Wirt der Meinung, daß aus einem Irrtum heraus an seinem Haus mit Abbrucharbeiten im größeren Umfang begonnen wird. „Es woor fräih ummer dreier", sagte er im Zeugenstand, „dou douder des vielleicht an Schlooch, Herr Richter, dassi gmaand hob, mir is a sou a Schdaarfaider vo der Bundeswehr in mei Haisla neigrumbld. Iich renn naaf in erschten Schduug, nei in denni zwaa Laid ihr Zimmer und nou hädd mi bal der Schlooch troffn. Dou is es Waschbeggn aus der Wänd grissen gween, es Wasser is wäi vonnern Faierwehrschlauch rausgeschossen, der Mo is midder Underhuusn dorddn gschdandn und hodd bläid glachd, und die Frau is am Buuden drundn in dem abbrochnern Waschbeggn drinner g'hoggd."

Der Heiner hat damals erst die Feuerwehr, dann die Polizei und zusätzlich seine Frau alarmiert, und es ist noch zu einigen Übergriffen und kleinen Beleidigungen gegenüber der staatlichen und ehelichen Gewalt gekommen. „Däi hom alle gmaand", erklärte jetzt der angeklagte Georg die verschiedenen Mißverständnisse, „daß mir des Waschbeggn aus Gaudi roogrissen hom. Obber des woor asuu, Herr Richder, daß mei Frau unheimli noodwendi am Abodd gmissd hodd. Und in dem Werzhaus is der Abodd übern Huuf niiber. Nou hobbi gsachd, Frau hobbi gsachd, dou binglsd hald gschwind ins Waschbeggn nei. Ner ja – naafkummer is nedd mid ihre kozzn Baaner, a Schemerla oder a Schduul woor kanner do und nou hobbis hald baggd, naggerd wäis woor, und hobs neig'hoggd in des Waschbeggn. Und middn in ihrn Gschäftla hodds nou an Schlooch dou und mei Frau is zamds den Waschbeggn am Buudn dorddn ghoggd."

Der Georg und die Ruth bedauerten die Vorkommnisse zutiefst. Den entstandenen Schaden hatten sie fast schon ganz abbezahlt, nur die leichte Beleidigung der Staatsgewalt in Form des Ausdrucks „Beddbrunzer" kostete eine Geldstrafe von vierhundert Mark. „I hob ders glei gsachd", belehrte die Ruth ihren Gerch nach dem Urteil, „mir häddn in Schrank ans Waschbeggn hiischäim solln, nou häsd mi am Schrank naafg'huum, iich hädd schäi gemiidlich roobingln kenner und nix wär bassierd." „Jawoll", sagte der Gerch, „mid dera Nummer kummersd in jeeden Bonno-Film unheimli grouß raus."

# Eine Runde Lokalverbot

Der Helmut hat eine Goldgrube in Form einer kleinen, aber feinen Vorstadtkneipe, wo neben sehr viel Faßbier vor allem der neben dem Wildbach auch sehr beliebte Reibach rauscht. Meistens werden die Gäste abends nach dem Vorbild der Ölsardinendosen geschlichtet.

Kurz vor Weihnachten hat neben Sitzplätzen nachts auch immer ein bißchen Geld in der Kasse gefehlt und der Helmut hat nicht lange gefahndet, sondern dem Herbert, seinem einzigen Kellner, sofort erklärt, daß er sich eine andere Kuh zum Melken suchen soll.

Die Kündigung ist fast fristlos gewesen, nur einen Tag hat der Herbert noch arbeiten sollen, weil da der Herr Chef freigenommen hat. Es ist für die Gäste und den Wirt ein denkwürdiger Tag geworden.

Bei der Rekonstruktion jetzt am Amtsgericht hat zum Beispiel ein Gast namens Werner folgendes ausgesagt: „I bin wäi immer an mein Diisch g'hoggd und hob aff mei Bils g'wardd. Nach anner halm Schdund hobbi immer nu g'wardd. Nou soochi, Herberd, soochi, wou bleidn mei Bier? Nou schreid der miich oo, dassi mei Maul haldn sol und dasser si weecher meine fümbf Mark Zech in der Wochn nedd in die Huusn machd. Nou hobbin in aller Ruhe gefroochd, obber a weng an Badscher hodd. Nou zäichder mer meine Fleischkichla wech, wou i grood essn hob wolln, driggd mer mein Mandl in die Hend und schreid ‚Lokalverbood!‘. Und nou binni scho nausgfluung aa!"

Der Werner war aber nicht der einzige, den an diesem Abend die Ausweisung aus dem Bierparadies erwischte. Die acht Mann vom Dienstags-Stammtisch, die ungefähr eine Stunde auf ihr Bier warteten, bekamen vom Herbert Lokalverbot auf Lebenszeit, vier Gäste wurden schon beim Eintreten unter der Tür wieder hinausgeschmissen, weil sie angeblich nicht ordentlich gegrüßt hatten, und die sechs Mann an der Theke flogen nach dem ersten Schluck Bier.

„Der Herberd", erinnerte sich einer von ihnen, „hodd mer es Bier iiber die Huusn gschidd und schdadd dasser si entschuldichd, sachder zu mir, daß solche Wilzai wäi iich und meine Kumbl innern Werzhaus nix verluurn hom. Und wemmer nedd freiwillig genger, hullder die Bollizei."

Bereits um zehn Uhr, wo sonst die Kundschaft aufeinander sitzt und man an der Theke wegen Platzmangel nur auf einem Bein stehen kann breitete sich um den ordnungsliebenden Kellner eine tiefe Ruhe aus: Nur der Zapfhahn tropfte ein bißchen störend in der Stille.

Die interne Razzia vom Herbert macht sich noch heute bemerkbar, sagte der Helmut im Zeugenstand, und er verschickt jeden Tag, wenn es die Zeit erlaubt, mindestens noch zehn Entschuldigungsschreiben.

Die Lokalverbotswelle nach der Kündigung wertete auch das Gericht als Racheakt und verurteilte den Herbert zu einer Geldstrafe von zweieinhalbtausend Mark. „Kummers mer ner amol in mei Werzhaus!" sagte der Herbert danach zum Herrn Rat und ging.

# Scheinkrank ohne Krankenschein

Der Eduard ist aus dem Lauf der Dinge ausgestiegen. Ein weichumschäumter Bierkrugrand ist ihm wichtiger als ein Krügerrand, und sein inneres Glück hat er von der sonst so festen Verschmelzung mit einem satten Bank-Konto ganz einfach abgehängt. Bauherrenmodelle interessieren ihn nur im Rohzustand, weil er dann manchmal in ihnen kostenlos die Nacht verbringt.

Erst einmal ist der Eduard in einen materiellen Notstand geraten, im vergangenen November, wo er fast eine Woche lang nichts Warmes in den Bauch bekam. „Und dou binni", teilte er jetzt vor Gericht mit, „aff die Idee kummer, dassi ins Kranknhaus gäih kennd. Wall, Herr Richder, wäi iich nu normool glebbd hob, dou binni ka aanzigs Mool krank gwenn und in der Glinnig woori scho glei goor nedd. Obber Kranknversicherung hobbi zoold wäi a Weldmasder."

Offiziell fand der Eduard aber keine Aufnahme in der medizinischen Herberge, und deswegen entschloß er sich zu einer kleinen Notlüge. An jenem magenknurrenden Montag schlüpfe er hinter den Büschen der Klinik in ein altes Nachthemd, versteckte sorgfältig seine verschiedenen Plastiktaschen und passierte anstandslos die Pförtnerloge.

„Ner ja", sagte der Eduard auf der Anklagebank, „nou binni in mein Nachdhemmerd a weng rumschbaziert, bis mi irchnd suu a Doggder unheimli zammgschissn hodd. Ob iich a weng schbinn, hodder gsachd, dassi dou halmi naggerd rumrenn. Dou konni mer in Doud hulln ba den kaldn Wind und außerdem gibds edzer Middoochessen."

Also verschwand der Eduard befehlsgemäß in den nächstbesten Bau, nahm sich von einem alleinstehenden Servierwagen ein Tablett mit dem kompletten Mittagsmenü und tafelte dann geheim auf dem Fensterbrett in der Herrentoilette fürstlich. „A schäins Rimbfleisch hodds geem", sagte er, „mid Nudln und Salood. Blous a weng weng woors hald."

Im nächsten Bau faßte der gesunde Kranke deswegen noch einmal nach, beschaffte sich im Badezimmer einen fast neuen weinroten Morgenmantel und verbrachte dann die folgenden Tage beschaulich mit schönen Herbstspaziergängen durch den Klinik-Park, regelmäßigen Mahlzeiten, Gesprächen mit anderen Patienten und die Nächte in der Toilette.

Die illegale Einquartierung kam auf, wie dem Eduard das Nachtlager im Abort zu hart wurde und er in Übermut verfiel. „Dou hobbi mer dengd", erinnerte er sich zurück, „daß doch dou irchndwou a Bedd frei sei mous. Und nou hobbi mi nachds in a Zimmer neigschlichn, dou wou achd Beddn woorn. Und wergli – gleich des erschde an der Diir dorddn woor frei. Dou hobbi mi nou neigleechd."

Es war aber nur vorübergehend frei, weil der ordnungsgemäß zuständige Bettinsasse nur ausgetreten war. „Um a Hoor", sagte der Eduard, „hädder mers glabbd, dasser si in sein Bedd daischd hodd. Obber nou is vo den Gschraa die Nachdschwester kummer."

Mit einer starken Verwarnung stellte der Herr Amtsgerichtsrat das Verfahren gegen den Eduard ein. „Läiber wär mer zwaa Monad Mannerdschdrass gween", sagte der Eduard, „im Fall, daß der Winder haier doch nu kummd."

In der zweiten Abteilung unseres Nürnberger Lesebuchs möchten ich in Ihrer geschätzten Erinnerung verschiedene lokale wie überregionale Ereignisse der Vergangenheit wachrufen. Der Vielfalt unserer Zeit entsprechend handelt es sich dabei um so verschiedenartige Vorfälle wie die Entlassung des Bundeswehrgenerals Kießling, den Konkurs eines Nürnberger Prominentenzahnarztes oder um den tiefen Fall des 1. FC Nürnberg und wer dran schuld war. Des weiteren haben wir uns mit einigen örtlichen Undurchsichtigkeiten befaßt. Dazu gehören der Nürnberger Nebel, der Nürnberger Fasching und der Nürnberger Christkindlesmarkt. Auch können wir dem Leser ein Exklusiv-Interview mit der ehemaligen Bundesträne Jupp Derwall anbieten, sowie eine leicht verständliche Gebrauchsanweisung für digitale Quarzuhren. Gute Verrichtung beim Weiterlesen wünscht Ihnen

Ihr Spezi und Klaus Schamberger

# Inhaltsverzeichnis

# Christkindlesmarkt

Jahr für Jahr ist es das gleiche. Irgendein Klugscheißer setzt sich in dieser Stadt hinter seine Schreibmaschine und verunglimpft unseren schönen original Nürnberger Christkindlesmarkt in einer Art und Weise, daß alles zu spät ist.

Schon haben diese Nestbeschmutzer letzte Woche mit ihren Schmierereien angefangen und in herabsetzender Weise berichtet, daß unsere geliebte Bratwurst teurer geworden ist. Und der in aller Welt hochgeschätzte, gelobte und gefeierte Glühwein ebenfalls.

Selbstverständlich ist es ein hirnverbrannter Schmarrn, unseren wunderbaren Kindleinsmarkt so gemein zu behandeln, weil einen besseren findst du nicht. Und deswegen möchte sich der Spezi heuer einmal hundert Zeilen abquälen darüber, wie es wirklich ist:

Also: Man nähert sich auf stillen und verschneiten Waldwegen der alten Noris, von weitem grüßen durch den Tann bereits diese gotischen Türme und die feste Alte, beziehungsweise die alte Veste. Einsam lenkt man seine Schritte durch das Laufer Tor im Osten, und es duftet bereits nach Mandelkern und Apfelkorn, nach Pfeffernüßlein, Weihrauch und Myrrhen.

Endlich hat man den Kindleinsmarkt mit seinen Häuslein aus Holz und Tuch inmitten der zu Ehren des Christkindes völlig verstummten Stadt erreicht. Weich wie Flaum oder eine alte Sprungfedermatratze legen sich die Schneeflöcklein über den weihnachtlichen Frieden. Nur helles Kinderlachen bricht manchmal durch die himmlische Ruhe. Die bedächtigen Schritte von zwei Ami schluckt der schalldichte Schnee.

Aus den Häuslein blicken froh und wohlgemut die verschiedenen Verkäufer auf die hundertprozentige Romantik. Gegen die Kälte haben sie sich in dicke Pelze gehüllt, aus denen in Kopfhöhe beim Vorbeigehen stets ein freundliches

„Halleluja, Herr Nachbar" oder ein herzliches „Frohoolok-ket" erschallt.

Ja, ja, so sind sie, die original Nürnberger Christkindleins-marktverkäufer. Aus echtem Schrot und Korn und immer ein lustiges Wort auf den blaugefrorenen Lippen. Verschmitzt lachen dazu am Schönen Brunnen die Zwetschgenmännla, die weit unterm Selbstkostenpreis feilgeboten werden.

Wieder duftet es nach Hutzelbrot und Zimmetstern, und ein lustiger Geselle läßt beim Café Kröll einen sauberen Schweizer Kracher los. Nicht ein Vorgriff auf Silvester ist es, sondern es dreht sich um einen Besucher aus St. Gallen in der Schweiz, der zuviel Sauerkraut zu seinen Bratwürstlein gegessen hat.

Mit solch allerlei Kurzweil vergeht so ein wunderschöner Tag, hinter dem Türmlein der Frauenkirche steht schon der Abendstern, hinter den Tannenzweigen singt der Heino ein Lied von der Heimat und es sinkt zusätzlich die Nacht hernieder. Im trauten Schein einer Gaslaterne steht ein einsamer Leierkastenmann und ist dankbar für jeden güldenen Zehrpfennig, den man ihm in die Büchse wirft. Auf der Schulter hat er einen Affen.

Bevor die Stadttore schließen, kehrt man noch einmal in eines der ruhigen Gasthäuser ein, schlägt sich den Magen voll mit den berühmten altfränkischen Köstlichkeiten und wendet sich dann mit einer tiefen inneren Zufriedenheit wieder dem Heimweg zu. Die einen nach Osten, nach Westen die anderen, vor allem die Fürther, andere nach Süden oder gar nach Norden.

Wiederum rieselt leise der Schnee, und manch einer denkt sich „Ach, war das wieder ein schöner Tag auf dem Nürnberger Christkindlesmarkt. Den werde ich mein Lebtag nicht vergessen".

Das war also eine dem Nürnberger Christkindlesmarkt angemessene Beschreibung. Christlich war sie insofern, weil, wer sie glaubt, wird selig und kann sich in zwei Jahren wieder als Nürnberger Christkind bewerben.

# Die Welt des Sports ist unsere Welt.

adidas® ✓® Die Weltmarke mit den 3 Streifen

# Millionäre

Fast pünktlich zum Frühling können manche Nürnberger Millionäre das Lied vom bekannten Dichter Volksmund singen. Und zwar „Kuckuck, Kuckuck, ruft's aus dem Wald". Und ähnlich wie die Zugvögel aus dem Süden sich bereits wieder vor den Toren der Stadt versammeln, rotten sich vor verschiedenen bescheidenen Unternehmer-Bungalows die Pleitegeier zusammen. In ihrem Gefolge erscheinen dann die Konkursverwalter, Gerichtsvollzieher, Steuerfahnder und katholische wie evangelische Gläubiger.

Es ist geboten, daß man in dieser unserer Stadt einen völlig neuen Kurs steuert, und zwar dreht es sich dabei um den Konkurs. Nach verschiedenen Bauunternehmern von der Firma Luftschloß GmbH und Co. KG hat jetzt auch ein sogenannter Prominenten-Zahnarzt seine Goldkronen in den Sand gesetzt und lernt zur Zeit die Formel für den Offenbarungseid auswendig, daß er sie dann am Gericht fehlerfrei und ohne Stottern aufsagen kann. Mit einem Wort: Die so geschätzten Millionäre in unserer Stadt werden von Tag zu Tag weniger. Und es ist ein herber Verlust. Denn schon sieht man in der Altstadt früh um halb vier fast keinen Porsche mehr, im Wirtshaus fliegen einem nur noch ganz selten Champagnerkorken um die Ohren, und in einem Sardinenweckla machen sich anstelle von fünf Pfund sibirischen Kaviar auch wieder mehr die Sardinen mit viel Zwiefeln breit. Bittere Armut, soweit das Auge reicht.

Man soll darüber Tränen vergießen, denn gerade unsere High- beziehungsweise Leih-Society war doch die Gesellschaftsschicht, die verschiedene Farbtupfer in unseren grauen Alltag getragen hat. Man hat von ihnen billig Bauherrenmodelle kaufen können, bei denen es sich aber wahrscheinlich doch um Auslaufmodelle gehandelt hat, sie waren zur Stelle, wenn jemand eine Ananas-Farm in Grönland wollte, einen Skilift am Arabischen Golf oder einen Schrebergarten in Manhattan. Sie sind in den Prominenten-Lokalen aufgetaucht mit schönen Frauen an der Hand, die meistens Trümmer Renditen hatten, und wir haben in ihnen in dankenswerter Weise ein Auge riskieren dürfen. Und jetzt hetzt man auf unsere Freunde die Gerichtsvollzieher, und man sieht, daß Undank der Welt Lohn ist.

Dabei haben sie uns doch bloß von ihrer vollkommen durchdachten Lebensphilosophie überzeugen wollen. Sie heißt: „Lieber reich und gesund, als arm und krank." Oder: „Lieber einen Bauch vom Saufen, als einen Buckel von der Arbeit." Außerdem waren nicht alle Millionäre so reich, wie man vielleicht annehmen möchte. Manche haben von hunderttausend Mark netto im Monat und sogar weniger dahinvegetieren müssen. Nicht jeder ist im Golf-Klub aufgenommen worden, und nicht jeder hat seine Schäfchen im trockenen gehabt und den Zeigefinger im feuchten zum Geldzählen.

Man darf auch nicht vergessen, daß die meisten Bankrotteure nach einem erfolgreichen Kesseltreiben ein trauriges Schicksal erleiden haben müssen. Oft ist ihr gesamtes Vermögen nicht einmal gepfändet worden, sondern man hat es durch einen befreundeten Rechtsanwalt der armen Ehefrau aufgebürdet. Sie hat sich dann nicht nur um die Hausdiener und die gesellschaftlichen Verpflichtungen kümmern müssen, sondern auch noch um die verschiedenen Nummernkonten in der Schweiz. Die einzigen, die sich in dieser großen Not höchstens noch um diese Menschen und ihre Konten gekümmert haben, waren in dankenswerter Weise die Politiker. Bis dann ihr Bankkonto von einer Bettdecke kaum mehr zu unterscheiden war: alle zwei anständig überzogen.

Meistens erleiden dann solche Menschen noch einen Nervenzusammenbruch und schreiben danach ihre Memoiren unter dem Titel „Von der Hypobank zur Parkbank".

# Der Staatsfeind

Mancher möchte vielleicht annehmen, daß es uns nichts angeht, wenn irgendein Viersternegeneral mit seinem Generalstab in unlautere Sachen hineinrutscht und es sich zur Affäre entwickelt. Es handelt sich dabei nämlich unter anderem auch um die moralische Wende unserer neuen Regierung, und die kann ohne weiteres jeden Mitbürger bei uns wie aus heiterem Himmel treffen.

Gott sei Dank muß man sagen, denn es geht ja bei uns inzwischen zu wie in Sodom und Zamorra und im Dämpfer-Clan im Fernsehen. Jeder hupft beliebig auf jedem rum und bedroht automatisch die Sicherheit unseres wunderbaren Staatsgefüges. Aber der militärische Schirmdienst paßt schon auf. Wer ein bestimmtes Lokal betritt oder einen Doppelgänger hat, der ist ein Sicherheitsrisiko und wird sofort zur Luftwaffe versetzt – er fliegt.

Es werden auch bei uns noch Köpfe rollen, weil nämlich jetzt ein Minister nach langen Überlegungen drauf gekommen ist, daß nicht nur gleichgeschlechtliche Beschäftigungen eine Sünde sind, die den russischen Spionen Hosentür und Tor öffnen. Auch zwischen Mann und Frau und Do it yourself steckt irgendwie der Staatsfeind drin.

Zum Beispiel geht der Spezi in seiner staatserhaltenden Eigenschaft als Obergefreiter der Reserve an einem warmen Tag durch die Fußgängerzone und sieht plötzlich vor sich ein Sicherheitsrisiko in Form von hundertzwanzig Zentimetern Oberweite, schon ist er in die Maschen des MAD verstrickt.

Dieser MAD und der Bundesverteidigungsminister haben gewisse Ähnlichkeiten mit Gott. Sie wissen alles, irren sich nie und bestimmen, ob jemandem sein Triebleben gebilligt werden kann oder schon ein Sicherheitsrisiko ist. Im letzteren

Fall wird man frühzeitig pensioniert und dadurch werden wieder, wie es dem Blüm sein Programm vorsieht, Arbeitsplätze frei. Die Regierung arbeitet Hand in Hand. Man kann ihr vertrauen.

In Nürnberg und überhaupt in Franken werden seit der Affäre schon verschiedene Links-, Rechts- und Geheimnisträger beschattet. Zum Beispiel ist ein hoher Finanzbeamter bereits stark im Zwielicht. Er hat nämlich einen Zinken wie ein Ameisenbär, und für den MAD ist die wissenschaftliche Erkenntnis maßgebend „Wie die Nase des Mannes, so ist auch sein Johannes". Und mit diesem ist er ein Sicherheitsrisiko und wird unvermeidlich in Pension gehen.

In dieser Woche ist außerdem ein Polizist in der Südstadt dabei ertappt worden, wie er im Pissoir vorne unten am Reißverschluß rumgefummelt hat. Eine Verwechslung ist ausgeschlossen, die Unterhose war weißblau kariert, er wird in den Ruhestand versetzt.

Glück hat beim MAD nur ein Oberleutnant aus der Schweinauer Infanteriekaserne gehabt. Er ist observiert worden, daß er jeden Freitag nachmittag eine bestimmte Lotterstelle betritt und sich dort eine Viertelstunde aufhält. Er sollte zum Unteroffizier degradiert werden, aber es hat sich in letzter Sekunde herausgestellt, daß es nicht eine Lotterstelle ist, sondern eine Lottostelle.

Sonst arbeitet aber unser MAD wie ein Computer. Das belegt auch das Zitat aus einer Ermittlungsakte, die den fränkischen Raum betrifft und eine Präzisionsarbeit ist. Dort heißt es: „In Färdd odder wou, hodder Moo odder wer, sei Frau odder wen derschloong odder woos."

Einige Stadträte stehen überdies im Verdacht, regelmäßig Weinlokale zu besuchen. Der Skandal steht kurz vor der Enthüllung. Man sieht also, daß in allen Winkeln und Ecken das Sicherheitsrisiko wie ein schwarzes Ungetüm lauert, die Sicherheit dramatisch auf dem Spiel steht, und man wünscht sich in die Zeit zurück, wo es noch geheißen hat „Camelia gibt allen Frauen Sicherheit und Selbstvertrauen".

# Nürnberger Wanderwege

Im milden Herbstlicht schlägt, wie man weiß, jedem Wandersmann das Herz und der Puls höher, und es ist deswegen jetzt die Zeit angebrochen, wo sich der Lukleins Heiner mit seiner Lisbeth gemeinsam am Spazierstock durch die wunderbare Natur ziehen. Die wichtigsten Wanderungen rund um Nürnberg sind alle im Anton Leidinger seinem Schlurcher-Brockhaus aufgeführt vom Norissteig bis zum Aufseßtal.

Der schönste Trail im Frankenland fehlt aber leider in diesem Standardwerk, und darum möchte ihn der Spezi heute einmal allen Wandervögeln und Naturfreunden dringend ans Herz legen. Es dreht sich dabei um den Luis-Trinker-Gedächtnis-Weg, jene auch oder sogar im Herbst so romantische Durststrecke in unserer Innenstadt, wo der Asbach rauscht und die Schnapsdrossel schlägt.

Als Ausrüstung empfiehlt sich durch das herbstliche Schluckauf und Schluckab ein kleiner Plastikeimer, wasserdichte Unterwäsche und die auch im Vorwinter unerläßliche Schlawinenschnur. Wir beginnen unsere Wanderung in der Vorderen Sterngasse und folgen nach der zügigen Einnahme von sieben bis acht Schoppen Pfälzer der Markierung Blaukreuz.

Der Weg führt in wild määnderndem Zickzack dann an verschiedenen Bars und Striptease-Lokalen vorbei in die Luitpoldstraße. Dort verweilen wir ein bißchen in der Peep-Show und genießen den Blick über Täler und Höhen und in die oft winzig anmutenden Gletscherspalten, die wider Erwarten auch im Fränkischen vorkommen.

Am Ende der Luitpoldschlucht wenden wir unseren breiten Schritt in Richtung Norden und erleben nach der Einnahme einiger am Wegrand stehenden Pilse vom Faß das seltene Schauspiel des sogenannten Stadtbebens. Dabei schwankt die Lorenzkirche, der Kaufhof und die gesamte Fußgängerzone, daß man meist wie von geheimnisvollen magnetischen Kräften gezogen auf die Waffel fällt.

Nach einer kurzen aber unvermeidlichen Rast geht es weiter über die Pegnitz in Richtung Norden und dringt in das wilde Dickicht des Burgviertels ein. Wenn man sich ruhig verhält und eine klare Nacht erwischt, sieht man vielleicht an manchen Ecken die Schnepfe balzen, oder man hört eine Gruppe von seltenen Vögeln, wie sie gerade eines jener mittelalterlichen Chörlein gröhlen.

Links und rechts zweigen jetzt die vielfältigsten Grotten und Höhlen ab, denen man möglichst allen einen kurzen Besuch abstatten sollte. Dort sprudeln Tucher, Patrizier, Bitburger, Lammsbräu, Gunzenhausener, Becks und Warsteiner und wie die munteren Bächlein alle heißen. Etwa im Bereich des Schmelztiegels, eine weitere trinkenswerte Naturkatastrophe, überschreiten wir zügig und mit einem frohen Lied auf den Lippen die Polizeistunde und setzen unseren Weg dann aus verschiedenen Gründen am besten auf allen vieren kriechend fort.

Im Osten grüßt uns die aufgehende Sonne, die städtische Straßenkehrmaschine verwischt die Spuren, und am Dürerplatz verlassen wir endgültig die Markierung Blaukreuz und orientieren uns ab sofort am Zeichen Rotkreuz. Statt einer Weinprobe lassen wir uns von der Polizei zu einer Blutprobe einladen, geben unseren Führerschein und die Autoschlüssel ab und besichtigen vorher noch das meist in den frühen Morgenstunden auftauchende Naturphänomen des Blaulichtes und des Matter- beziehungsweise Martinshorns.

Mit einem Geschmack von alten Wollsocken und frischem Stallmist im Mund wenden wir uns dann in die Bucherstraße, wo alle zwanzig Minuten der Notarztwagen in Richtung Heimat verkehrt. Zu Hause angekommen, soll man vorsichtig sein, weil gerade jetzt im Herbst die Hausdrachen wieder sehr tief fliegen.

# Fränkischer Frieden

Lange Zeit ist es auf der Kippe gestanden, ob der dritte Weltkrieg ausbricht, aber jetzt hat sich unser Bundestag am Dienstag Gott sei Dank für den Frieden entschieden. Jedenfalls hat man den schönen Worten des Bundeskanzlers entnehmen können, daß die Raketen, die jetzt überall im Land aufgestellt werden, einwandfrei dem Frieden dienen.

Man muß sich diese Friedensraketen ungefähr vorstellen wie Schweizer Kracher, Luftheuler oder Kanonenschläge, wie sie an Silvester zur friedlichen Nutzung in den Himmel geschossen werden. Lediglich ein bißchen größer.

Es ist außerdem im Bundestag festgestellt worden, daß überhaupt alle Soldaten und Waffen auf der Welt dem Frieden dienen. Außer russischen Waffen und Soldaten natürlich.

Soweit ist es klar und verständlich, und wir können froh sein, daß auch in unserer schönen Heimat verschiedene von diesen Friedensbringern untergebracht sind. Leider haben wir zwar noch keine kompletten „Pershing-2“-Raketen, aber wem sein Glück ist schon vollkommen.

Zum Beispiel werden also bei uns in zwei Fabriken friedliche Militärfahrzeuge hergestellt, die einerseits dazu da sind, friedliche Soldaten in einen friedlichen Krieg zu transportieren, und andererseits kann man auf ihnen auch die bereits besprochenen Friedensraketen von einem Ort zum anderen fahren.

Außerdem haben wir am Stadtrand von Nürnberg noch einen weiteren Friedensbetrieb, der Bomben in allen Größen und Detonationsstärken herstellt. Dies sind teilweise schon in verschiedenen Kriegen sehr zur Zufriedenheit der Kunden getestet worden und sorgen auch im kleinen Kreis als Tischfeuerwerk für eine Bombenstimmung.

Damit ist unser Friedensarsenal aber noch lange nicht erschöpft. Beispielsweie ist im Wald bei Feucht ein riesiges Areal, das ausschließlich für Friedensdemonstrationen seitens der Amerikaner verwendet wird.

Dort landen und starten jeden Tag bis in die Nacht hinein friedlich wie Libellen Kampfhubschrauber, manchmal sieht man auf einer Waldlichtung lieblich eine Panzerfaust oder einen anmutigen Granatwerfer einsam auf der Wacht stehen, wie er weit weg von der Heimat stetig den Frieden verkündet.

Die Geräusche, die von diesen friedlichen Geschützen ausgehen, klingen vor allem den älteren Mitbürgern noch vertraut im geplatzten Trommelfell. Es sind nämlich die gleichen Donnerschläge, wie sie vielen aus dem überaus friedlichen Zweiten Weltkrieg erinnerlich sind.

Wenn diese Friedenssicherungen wider Erwarten nicht ausreichen sollten, haben wir noch einen Truppenübungsplatz und ein Munitionsdepot in Tennenlohe sowie das riesige Friedensgebiet in Grafenwöhr.

Damit unsere Friedensbereitschaft in der Bevölkerung noch bewußter wird, entwerfen verschiedene Friedensgeneräle ein Maskottchen so ähnlich wie seinerzeit der Weltcup-Willi.

Das Maskottchen hat eine Zipfelmütze auf, die ausschaut wie eine Mittelstreckenrakete, der Rumpf besteht aus einem Marschflugkörper, der Kopf ist ein Atomsprengkopf, und gemäß der Friedensbotschaft soll er Friedolin heißen.

Daß diese ganzen Aktivitäten bei uns in Franken ausschließlich dem Frieden dienen, sieht man auch daran, daß die Rüstungsbetriebe einen ziemlichen Reibach machen und gut bezahlt werden. Und zahlen macht bekanntlich Frieden.

Beim Spaziergang im Wald ist dem Spezi angesichts eines friedlichen MG-Nestes noch eingefallen, wie nicht nur die westlichen, sondern auch die östlichen Waffen dem Frieden dienen können. Es funktioniert, wenn die Amerikaner und die Russen ihre Raketen gleichzeitig zünden. Dann sind alle Menschen viel früher als erwartet im Paradies, und es ist wieder Frieden auf Erden.

# Nebel

„Teils neblig trüb" schreibt der Verfasser vom Wetterbericht jetzt jeden Tag, und wenn man früh aus dem Fenster schaut, sieht man das gleiche wie wenn man nicht aus dem Fenster schaut, nämlich nix. Wir sind zur Zeit eine Weltstadt wie London oder Eching, wo man im Herbst ebenfalls die Hand nicht vor den Augen erkennen kann.

Den Nebel unterscheidet man in drei Sorten: Und zwar gibt es den Bodennebel, der meist im Wirtshaus vorkommt, den Hochnebel und den höchsten Hochnebel, nämlich den Andromeda-Nebel. Über die Entstehung von Nebel bestehen verschiedene wissenschaftliche Theorien. Die einleuchtendste ist die, daß im Spätherbst anläßlich der langen Abende wesentlich mehr geraucht wird und so der Nebel entsteht.

Gerade bei uns beeinträchtigt der Nebel das öffentliche Leben sehr stark. Am meisten betroffen ist natürlich der weltberühmte Nürnberger Airport, der im Fall von starkem Nebeleinbruch dann wegen seiner vorbildlichen Toiletten höchstens noch die Funktion von einem Aport erfüllen kann. Der Bedeutung des Flughafens angepaßt stellt der Airport-Direktor ab November immer zwei Nebelkrähen ein, die mit ihrem bekannten heiseren Krächzen sofort jedes Aufkommen von Nebel am Tower melden. In dem Fall wird dann sofort der monatliche Flug nach Frankfurt gestrichen, und es verkehrt lediglich der linienmäßige Heißluftballon Nürnberg–Hof und eventuell wieder zurück.

Natürlich macht sich das diesige Wetter auch kommunalpolitisch bemerkbar. Dichter Nebel in der Stadt – da hat die CSU ihn sogleich für den Kulturpreis im Bereich Poesie vorgeschlagen, weil er politisch verhältnismäßig untendenziös ist. Verheerend wirkt sich der jährliche Grauschleier auch auf den Straßenverkehr aus. Bei Sichtweite von fünfzig Zentimeter soll man unbedingt die polizeilichen Vorschriften einhalten und seine Ehefrau mit einer Trompete und einer roten Fahne vor dem Auto herlaufen lassen. Deswegen verweist die Stadt in diesen Tagen auch gern auf ihre spottbilligen Massenverkehrsmittel wie zum Beispiel die U-Bahn oder die S-Bahn. Die S-Bahn hat lediglich den Nachteil, daß sie es noch nicht gibt, und bei der U-Bahn kommt man mit dem Auto nur ganz schlecht die Rolltreppen hinunter.

Ebenfalls sehr gefährdet sind die Fußgänger, weil man sich leicht verlaufen oder mit anderen Passanten zusammenstoßen kann. Wer im Nebel auf einen anderen Spaziergänger in Kopfhöhe brummt, verfügt danach meistens an der Stirn über ein sogenanntes Nebelhorn. Am besten zündet man sich vor jedem größeren Ausflug eine Nebelkerze an.

Die einzigen, die mit der ständigen Dämmerung bisher Glück gehabt haben, waren die Fußballer von der SpVgg Fürth, denen beim Spiel in Ampfing beim Stand von 1:1 ein kleiner Nebel zu Hilfe gewallt ist, und es hat abgebrochen werden müssen.

Selbstverständlich setzt man jetzt auch beim 1. FC Nürnberg alle Hebel in Bewegung, um morgen gegen Eintracht Frankfurt ebenfalls in den Genuß einer solchen Naturkatastrophe zu kommen. Die ganze Woche über hat Trainer Rudi Kröner die gesamte Vorstandschaft schon das kräftige Ein- und Ausatmen üben lassen, und wenn es morgen nachmittag erwartungsgemäß wieder in die Hose geht, dann wird von der VIP-Loge runter auf ein verabredetes Zeichen hin mit aller Vehemenz in Richtung Spielfeld gehaucht, und schon breitet sich über das Gestopsel der Nebel der christlichen Nächstenliebe.

Schließen möchte der Spezi seine Ausführungen mit einem halb englischen, halb deutschen Sinngedicht über den Nebel im Freien und im Wirtshaus:

Wenn der Nebel wallt / Der Zechpreller lallt / und aufs Pflaster knallt / Remember – / dann ist November.

# Ein Interview mit Josef Derwall

Alle meckern jetzt wieder rum und wissen es besser, nur weil die deutsche Nation gegen ein paar wildgewordene Iren 0:1 verloren hat. Einer der wenigen, der trotz der Panik in vollkommener, souveräner und feierlicher Ruhe verharrt, ist der Präsident vom DFB. Hermann Neuberger hat verschiedene Sachen nach diesem Länderspiel festgestellt. Einmal, daß weit und breit keine Krise zu sehen ist, zweitens, daß rein medizinisch gesehen ein verlorenes Länderspiel kein Beinbruch ist, und drittens, daß der Ball rund ist.

Man muß außerdem sehen und berücksichtigen, daß die Bundesträne Jupp Derwall durch zahlreiche dumme Fragen seitens der Reporter nervlich nicht ganz auf der Höhe war. Nach dem Länderspiel sprachen wir deshalb in einem vollkommen ruhigen Ton mit Jupp Derwall, gratulierten ihm vorab, daß er um ein Haar noch ein Unentschieden geschafft hätte gegen die Fußball-Supermacht Irland (Nord) und stellten dem Mann auf der Kommandobrücke folgende konstruktive Fragen:

*Sehr geehrter Herr Derwall, wie geht es Ihnen eigentlich gesundheitlich?*

Derwall: „Jaaa, ähem, das ist eine gute Frage. Ich würde sie gegebenenfalls dahingehend beantworten, daß wir ja drei Tage im Trainingslager waren und, von daher gesehen, meine Leberwerte so weit wieder ganz in Ordnung sind. Eine kleine Nebenhöhlenvereiterung..."

*Wo?*

Derwall: „In der Nebenhöhle!"

*Ah, ja. Und um daran anzuschließen, lieber Herr Derwall, hämorrhoidenmäßig ist alles in Ordnung, gell?*

Derwall: „Vielen Dank für diese Frage. Von dieser Seite her gesehen gibt es natürlich, selbstverständlich auf jeden Fall hin und wieder einmal, die eine oder auch die andere Schwierigkeit. Aber sehen Sie, wenn mir das jetzt ja schon jahrelange Sitzen auf der Trainerbank Beschwerden bereitet, dann springe ich halt in Gottes Namen mal während einem Länderspiel von der Bank auf, laufe ein paar Meter an der Linie auf und ab, und dann geht's schon wieder."

*Herr Derwall, um auf den Kern der Sache zu kommen, am Sonntag jetzt gegen Albanien...*
Derwall: „Was ist denn in Albanien schon wieder los?"

*Verzeihung, wir meinten, Sie und Ihre tapfere Mannschaft spielen jetzt gegen Albanien?*
Derwall: „Ja, das kann ich soweit voll bestätigen. Wir werden jedenfalls da sein, mit elf Mann voraussichtlich und versuchen, unser Bestes, oder wie oder was, zu geben."

*Sehr schön. Geben ist ja seliger denn nehmen?*
Derwall: „Genau, das trifft die Sache meiner Meinung nach von daher gesehen auf den Kopf."

*Wer wird spielen am Sonntag?*
Derwall: „Eine äußerst gute Frage. Ich möchte sie heute schon so beantworten, daß, wie bereits erwähnt, Deutschland gegen Albanien spielen wird. Und wir voraussichtlich versuchen, unser Dings, äh, unser Allerallerbestes zu geben."

*Wer spielt Libero?*
Derwall: „Auf jeden Fall, das ist gar keine Frage. Wir werden auch da versuchen, unser Bestes zu geben..."

*Danke, das ist eine klare Antwort auf eine klare Frage. Noch was – auch Albanien ist ja im Weltfußball nicht irgendwer, sondern eben, wie der Name schon sagt, Albanien. Wie sehen Sie das?*
Derwall: „Ja, ich sehe das genauso. Wir müssen von daher gesehen eben unser Bestes geben, es versuchen und immer wieder versuchen."

*Unsere letzte Frage, Herr Derwall. Manche Kritiker behaupten ja, Sie kommen nicht nach Paris. Was sagen Sie dazu?*
Derwall: „Na gut, ich bin diese Schläge unter die Gürtellinie inzwischen gewohnt. Aber diesen Herren möchte ich an dieser Stelle einmal klipp und klar sagen, daß meine Frau und ich an Silvester eine Reise nach Paris gebucht haben. Und von daher gesehen kommen wir hundertprozentig nach Paris. Und zwar mit dem Omnibus."

# Digitaluhren

Nachdem es nachts immer noch fünf bis zehn Grad unter Null hat, beginnt am Samstag die sogenannte Sommerzeit. Man muß daher eine sehr gute innere Vorstellungskraft haben. Mit dieser Vorstellungskraft kann man dann in der Nacht vom Samstag auf den Sonntag auch gleich die Uhr um eine Stunde vorstellen.

Gut unterrichtete Regierungs-Greise haben inzwischen festgestellt, daß die seinerzeitige Einführung dieser Sommerzeit verschiedene Vorteile gebracht hat, wie zum Beispiel ein Chaos bei der Bundesbahn, ein Tohuwabohu im Flugverkehr, ein Kopfschütteln der Landbevölkerung und der Milchkühe. Man beläßt es also bei der Sommerzeit.

Es gibt allerdings noch ein Problem im Zuge der allgemeinen Nachtschicht, und da ist die Umstellung der sogenannten Digitaluhren, die inzwischen jedermann am Handgelenk trägt und sich nicht damit auskennt. Bei diesen Uhren dreht es sich bekanntlich nicht mehr um die früher üblichen Taschenzwiefeln, wie man umgangssprachlich gesagt hat, mit zwei bis drei Zeigern und einem Zifferblatt, sondern um eine Art Computer. Man kann es auch Pieps-Show nennen, weil diese völlig undurchsichtigen Zeitmaschinen meistens viertelstundenweise piepsen oder pfeifen.

Die Menschheit verzweifelt mit diesen sogenannten Uhren. Zum Beispiel sitzt man mit seiner Geliebten irgendwo im Gebüsch beim Austausch von verschiedenen Zärtlichkeiten, und plötzlich pfeift es irgendwo am Körper der Geliebten, je nachdem, wo man seine linke Hand gerade hat. Ein solches Pfeifkonzert kann gerade in dieser Situation sehr störend wirken, so daß Kenner inzwischen wieder auf die Eieruhr zurückgekommen sind.

Für den wissenschaftlich orientierten Menschen ist die pfeifende Digitaluhr selbstverständlich kein Problem. Er drückt sofort auf einen der zahlreichen Knöpfe am Rand der Uhr und hat dann je nach Knopfdruck das heutige Datum, das Eintreffen der nächsten Sonnenfinsternis, die Mond-Konstellationen oder eine Stopp-Uhr-Einrichtung auf die tausendstel Sekunde genau, falls man zufällig Skirennläufer ist oder sonst an einem olympischen Wettbewerb teilnehmen muß.

Was aber ist zu tun, wenn man – wie bereits angedeutet – im technischen Sektor keine Verwandten hat? Soll man den Elektriker bestellen, im Max-Planck-Institut anrufen, zum Uhrmacher gehen oder gar zum Urschlechter? Fragen über Fragen, und sie betreffen auch die am Samstag unweigerlich hereinbrechende Sommerzeit, denn es muß ja auch die Digitaluhr umgestellt werden.

Eine gerade jetzt sich anbietende Möglichkeit wäre natürlich, seine Armbanduhr an die Gewerkschaft einzuschicken. Denn dort findet demnächst in fast allen Betrieben eine Urabstimmung statt. Dazu muß man aber Gewerkschaftsmitglied sein.

Man kann aber auch zu der Möglichkeit greifen, die sich schon häufig bewährt hat, daß man nämlich gar nichts macht. Man muß sich dann ab Sonntag lediglich merken, daß es jede Stunde immer eine Stunde später ist. Bei dieser Methode spart man sich zwei Arbeitsgänge, denn in der Herbstzeit wird ja wieder auf die Winterzeit umgestellt, welche die Normalzeit ist, und so erübrigt sich dann das Zurückmontieren.

Erschwert könnten die technischen Probleme werden, falls demnächst auch die Standuhren oder gar die meist an Hauswänden angebrachten Sonnenuhren auf das bewährte Digitalsystem umgerüstet werden. Vor allem im letzteren Fall scheinen nämlich die Vorteile nicht ganz die Nachteile aufzuwiegen. Angenommen, man will seine neue digitale Sonnenuhr von einem Fachmann auf Sommerzeit umstellen lassen, dann müßte man ja die Hauswand teilweise herausbrechen und sie mit einem Tieflader zum Uhren-Wallner transportieren.

# Nürnberger Demokratie

Trotz des pickelharten Wahlkampfes in unserer Weltstadt und den brisanten, hochexplosiven sowie stark aussagekräftigen Parolen („Nürnberg hat Zukunft" oder „Nürnberg zuliebe") hat es sich vielleicht noch nicht überall rumgesprochen, daß bei uns am Sonntag der Urnengang stattfindet. Es dreht sich dabei nicht um eine Feuerbestattung am Westfriedhof, sondern um die Wahl.

Diese Wahl ist ein demokratischer Akt, wie man hört, und der Spezi möchte an Hand eines sehr schönen Beispiels erläutern, wie bei uns die Macht vom Volk ausgeht, daß alles zu spät ist. Es ist letzte Woche passiert, gleich hinterm Bahnhof, in aller Öffentlichkeit, damit das Volk auch zuschauen kann, wie von ihm die Macht ausgeht. Dort hat die Stadtverwaltung in Gestalt eines Schaufelbaggers und des Kämmerers Hans-Georg Schmitz das zukünftige Kleinkulturzentrum unter dem Motto „Es gibt noch viel zu tun, reißen wir's ab" dem Erdboden gleichgemacht. Kurz zuvor haben die vom Volk gewählten Stadträte alle miteinander wissen lassen, daß dieses Gebäude auf jeden Fall erhalten und renoviert werden soll. Damit man drin, wie gesagt, ein Kleinkulturzentrum einnisten kann.

Die besseren und durchweg demokratischen Argumente sind aber leider Gottes auf seiten vom Hans-Gerch gewesen. An diesem Gebäude haben nämlich verschiedene Sachzwänge genagt, wie zum Beispiel der Zahn der Zeit und der Holzwurm, und außerdem hat der Hans-Gerch gesagt, es ist ihm Wurscht, was die Stadträte denken, sagen, glauben oder beschließen möchten. Es dreht sich dabei um die völlige und direkte Demokratie, und zwar um die ganz alleinige Demokratie des Stadtkämmerers. Der Hans-Gerch hat in diesem Fall das Volk verkörpert. Eine bessere Demokratie gibt es nicht, weil nicht lange rumgeredet, sondern sofort gehandelt wird.

Die vom Volk gewählten Stadträte aller Parteien und Fraktionen waren über das neue Motto vom Kämmerer („Der Mensch denkt, der Referent lenkt") außerordentlich und zutiefst bestürzt. Und zwar waren sie solange bestürzt, bis die Fotografen und Reporter, der Rundfunk und das Fernsehen wieder weg waren. Danach haben sie im Ratskeller zusammen ein bis zwei Seidlein Bier getrunken, es ist viel gelacht und gesungen worden, und man hat neidlos festgestellt, daß der Hans-Gerch schon ein Hund ist, wie er es wieder einmal demokratisch durchgezogen hat.

Auf dem Hans-Gerch seinem inzwischen respektierten Abreißkalender stehen jetzt lediglich noch die restlichen Kleinkulturzentren Opernhaus, Schauspielhaus, Meistersingerhalle, das Stadion, das KOMM, die Stadtbibliothek und die Volkshochschule. Abbruchreif ist auch der Fränkische Besucherring, der mit dem vom Hans-Gerch ebenfalls heißgeliebten Norisring zusammengelegt werden soll.

Man muß zur Verschwendung von soviel Demokratie auf einem Haufen der Ordnung halber noch anmerken, daß der Hans-Gerch Mitglied bei der SPD ist, und daß er sich sobald wie möglich von ihr verabschieden sollte. Nicht, daß es so ähnlich verläuft wie bei der CSU. Das hohe C bei ihnen steht ja für Christlich, sie kennen aber schon seit langer Zeit die christlichen Inhalte der Bergpredigt nicht mehr ganz genau und verwechseln sie immer mit einer Veranstaltung auf der Erlanger Bergkirchweih.

Im Zusammenhang mit einem möglichen Parteiwechsel kann man sagen, daß der Hans-Gerch die Zeichen der Zeit vorausschauend erkannt hat mit dem geschwinden Abriß des Kleinkulturzentrums. Denn im Fall der Wende wird in dieser unserer Stadt am Montag die Kultur sowieso zentralisiert und der Geschmack nivelliert. Was aber nicht unbedingt etwas mit Niveau zu tun haben muß.

Trotzdem möchte der Spezi abschließend noch anmerken, daß auf das Demokratieverständnis vom Kämmerer nur eine Art von Wahl bleibt, nämlich das sogenannte Häufeln. Die Kraft und die Selbstherrlichkeit in Ewigkeit Amen.

# Der Faschingskater

Das Gröbste vom Fasching ist vorbei, es ist bereits Ascherfreitag und den meisten Menschen sind die Nachwirkungen der vergangenen fünf tollen Tage noch förmlich in den Kopf geschrieben. Dadurch, daß unmittelbar nach diesen Ausschweifungen die Starkbierzeit folgt, ist es zwingend angebracht, endlich einmal das Phänomen des alkoholischen Katers, seine verschiedenen Gattungen und wirksame Heilmethoden wissenschaftlich zu erläutern.

Das einzige Standardwerk über den Kater ist der von Martin Luther erstmals erwähnte kleine Katerchismus mit den zehn Geboten, wie zum Beispiel Wein auf Bier, das rat ich dir, oder Bier auf Wein is auch recht fein. Die nachfolgenden Ausführungen entstammen ebenfalls weitgehend diesem Katerchismus.

Man kann sich vorläufig schon merken, daß ein Kater ohne einen vorhergehenden Fetzen Rausch äußerst selten vorkommt. Man soll also am Abend in einer beliebigen Wirtschaft möglichst viel durcheinandersaufen, zirka sechzig Zigaretten dazu rauchen und irgendwelche Frischluftzufuhr völlig vermeiden. Schnaps soll dabei sein, verschiedene Biersorten bis zu fünfzehn Litern, Likör, Wein, Spiritus oder essigsaure Tonerde und danach noch eine Klosterfrau in Melissengeist eingelegt und schon hat man, wenn sich früh die ersten Sonnenstrahlen im Schnapsglas brechen, den schönsten Kater.

Man kann ihn entweder beim Tierinspektor Lutz (8500 Nürnberg, Stadenstraße 26) abgeben oder mit homöopathischen Mitteln bekämpfen. Das Nahen eines großen Hundes zum Beispiel verjagt einen Kater sofort, ebenfalls ein Rudel Rollmöpse.

Wenn der 1. FCN nach einem Sieg gegen Eintracht Braunschweig geschlossen auf Sauftour geht, dann dreht es sich um einen Mannschaftskader. Sie bekämpfen ihn mit Alka Schmelzer. Einen überalterten Siam-Kater kann man dagegen einschläfern lassen. Erfahrungsgemäß tritt er danach nicht mehr auf.

Den rein vom Alkohol abstammenden Kater wird man allerdings nicht so einfach los. Er ist, wie jedes andere Haustier (etwa die Filzlaus oder der Zeck) sehr anhänglich und kann verheerende Auswirkungen haben. Vor allem ist man sehr geräuschempfindlich. Schon das Fallenlassen einer Stecknadel auf den Teppichboden dröhnt bei einem Kater so, daß man seinen Kopf leicht mit dem Hubschrauberlandeplatz in Feucht oder mit dem Glockenstuhl von der Lorenzkirche verwechselt. Man hat die Sorgen in ein Gläschen Wein geschüttet, und jetzt kommen sie in Form von Kopfweh wieder zurück. Den Kater von einem Frankenwein nennen Mediziner deshalb auch Weinkrampf.

Normal steht man bei einem Kater in der Früh auf, wie wenn nichts ist, und legt sich danach sofort wieder ganz flach hin. Links vom Bett befiehlt man sich einen großen Eimer und einen Putzlappen, rechts eine Schüssel voll Eiswürfel, und man verwechselt oft ganz leicht völlig verschiedene Geräusche. Es ist schon vorgekommen, daß draußen am Fensterbrett ein unschuldiger Fink an einer Speckschwarte knappert, und der Kater-geschüttelte Patient schreit auf die Straße hinunter, daß man sofort die Arbeiten mit dem Preßlufthammer einstellen soll. So stark vermischen sich in einem die verschiedenen Laute.

Ebenfalls ist der Magen meistens nicht in bester Verfassung. Er fühlt sich von außen wie ein Misthaufen, eine Odelgrube oder ein Gärballon an. Nach einem kurzen Reifeprozeß wirkt er wie eine gut durchgeschüttelte Sektflasche. Mit dem einzigen Unterschied, daß diese einen Stöpsel draufhat.

Schließen möchte der Spezi seine Ausführungen wieder einmal mit einem Gedicht aus dem Volksmund, durch den ja bekanntlich auch sehr viel getrunken wird. Das Gedicht heißt Sechs-Uhr-Läuten, beziehungsweise Leiden:

*Der Kamilln-Dee summd*   *in Abbodd noo*
*Der Scheedl brummd*      *Drundn bimmld die Schdrasserboo*
*Die Aung sin gschwolln*  *Und mer flisderd ins Kissn:*
*Breggerla rolln*          *„Aff die Ärwerd is gschissn."*

# Vorsicht, Baustelle!

Jedes Jahr beschert uns die Stadtverwaltung in dankenswerter Weise verschiedene bürgernahe Veranstaltungen wie Sackhüpfen, Wurschtschnappen oder den Neujahresempfang vom Oberbürgermeister. Auch heuer hat das städtische Freizeit- und Vergnügungsamt wieder keine Kosten und Mühen gescheut und hat auf der einzigen Altstadt-Rennstrecke der Welt, nämlich in der Theresienstraße, Ecke Hauptmarkt, eine Art Volksfest in Gestalt einer geheimnisvollen Baustelle errichten lassen. Diese Baustelle hat in erster Linie die Funktion, den Autoverkehr vom Rathenauplatz bis zum Hallplatz in wunderbarer Weise zu stauen, so daß sich hinten und vorn nichts mehr rührt. Alle Bürger, vor allem die Autofahrer, haben ihren Spaß dran. Selbst die Stadträte, die trotz ihrer anstrengenden Sitzungen zwischendurch einen Blick aus dem Rathaus draufwerfen können.

Geheimnisvoll ist diese Baustelle aus verschiedenen Gründen. Man sieht dort neben einem tiefen Loch einen Schubkarrn, zwei Schaufeln, mehrere leere Bierflaschen, einen Kompressor und sonst nichts. Wegen den Touristen ist die Baustelle mit fränkisch weiß-roten Girlanden eingezäunt. Wer trotzdem einen Blick in die Tiefe riskiert, sieht das gleiche wie oben: Nämlich nichts, nur etwas dunkler. Ein bißchen Licht ins Dunkel bringt ein Schild mit der Aufschrift „Bitte nicht rauchen – Gasarbeiten". Aber es kann auch wegen der Geheimhaltung eine bewußte Irreführung sein.

Fachleute und Laien fragen sich also seit zwei Wochen: Dreht es sich um eine Aktion vom ADAC, der eine neue Standspur für die Autobahn testen läßt, wird eine neue U-Bahn-Linie gebaut, soll die Burg endlich unterkellert werden, kriegt der Behringer einen neuen Gasherd oder wird gar nach Gold geschürft? Wieder einmal Fragen über Fragen, und keiner weiß Bescheid.

Eines steht aber fest: In ihrer Eigenschaft als Staumauer für den Autoverkehr funktioniert die Baustelle einwandfrei. Sie ist ein Musterbeispiel für den stehenden Verkehr und wird täglich von Besuchern aus der ganzen Welt bestaunt.

Ihr Prinzip ist so genial wie einfach: Man biegt am Rathenauplatz links in die Laufer Gasse ab, und schon geht es eineinhalb Stunden lang nicht mehr weiter. Indessen staut sich dann noch der Verkehr aus den verschiedenen Nebenstraßen, Linksabbieger, Rechtsabbieger und Eisenbieger stehen geruhsam neben- und aufeinander, es hupt, quietscht und schreit, dazwischen wälzen sich städtische Omnibusse, und man bedauert, daß dort nicht mehr, wie früher, die Linie 16 von der Nürnberg-Fürther Straßenbahn noch völlig ruhig ihre Kreise zieht.

Hin und wieder springt ein Selbstmord-Kandiat vom Dach seines Autos in die Tiefe, ein Fußgänger hat den Fuß unter einem Autoreifen und kann nicht mehr weiter, und manche schleichen sich unter Stoßstangen und Kotflügeln ganz flach auf die andere Straßenseite zum Vollrath auf einen Schoppen Beerenwein.

Glücklicherweise ist die Polizei, die mitten im Zentrum der Staustelle ihr Revier hat, so verständnisvoll und greift in keiner Weise ein. Sie stehen hinterm Fenster und freuen sich den ganzen Tag ebenfalls über die wirklich gelungene Gaudi. Nötig ist das Auftreten der Polizei auch nicht, weil es auf der Staustrecke verschiedene Ampeln gibt. Sie schalten im bekannten Dreißig-Sekunden-Takt, so daß umgerechnet jede Stunde ein viertel Auto etwa durchkommt. Das entspricht der Verkehrsdichte von Tokio oder einem Ameisenhaufen. Gestern sind an der Geisterbaustelle zum erstenmal zwei Arbeiter aufgetaucht, und es hat sich bei ihrem unvermuteten Erscheinen das Gerücht verdichtet, daß es sich bei dem Vorhaben um nichts handelt. Der eine ist in den Schacht geklettert und hat zum anderen hinaufgeschrien „Dou schdingds". Dann haben sich beide wieder entfernt. Wahrscheinlich hat er ausdrücken wollen, daß es dort unten nicht nach Gas, sondern nach Arbeit stinkt.

# Wunschkonzert

Wer einmal in den lauschigen Abendstunden seinem Hirnkastl eine Überraschung bereiten möchte, wer den Intellekt liebt wie sein Einundalles, wer also mit einem Wort hochgeistige, scharfgeschliffene und höchstgradig geistreiche Vorträge mit feiner musikalischer Untermalung hören möchte, der muß nach Sonnenuntergang auf seinem Radio Bayern drei einschalten.

Es ertönen dort verschiedene Sendungen, die höchstwahrscheinlich der Anlaß für die immer mehr zunehmende Selbstmordrate leider auch bei uns in Franken sind. Es dreht sich dabei um so lustige Sendungen wie „Frits und Hitz", also eine Art Wetterbericht mit Röstkartoffeln, oder „Bei Anruf Popp", wobei es sich vermutlich um den früheren Club-Trainer Fritz Popp handelt.

Die als Satire auf eine Radioübertragung gedachten Veranstaltungen rauschen, wie gesagt, meistens nachts durch den Äther. Äther heißt es deswegen, weil man nach ihrem Genuß völlig betäubt und besinnungslos ist.

Das schönste an ihnen sind die verbindenden Worte. Der Sprecher ist ein Moderator, und sein Wortschatz besteht in der Regel aus den Ausdrücken Wouuuuu, Wammmm, Wauuuuu und Tschüss. Er variiert es gekonnt, und so reicht es leicht für eine Stunde. Danach erfüllt den Hörer eine tiefe Sehnsucht nach dem Werbefunk oder nach dem guten alten Fred Rauch, der seinerzeit immer das Wunschkonzert moderiert hat.

Manche von den neuen Sprechern sind aber nicht schlecht drauf und meinen es gut mit den Hörern, die anrufen. Z. B.:

Sprecher: „So, meine lieben Zuschauer, hahaha, wauuuuu, Zuhörer muß es natürlich heißen, hahahaha, jetzt haben wir die Gabi total leif bei uns an der Muschel. Gabi, fein, daß du dran bist, alles klar?" Eine tiefe Stimme: „Allas gloor. Nerblous hass iich nedd Gabi. I bin der Heiner vo Bredzfeld, gell." Dann pfeift es laut im Radio.

Sprecher: „Wauuuuu, hahahahaha. Der Heiner ist also dran. Heiner, wauuuuu, wir haben da eine Rückkopplung drin.

Kannst du vielleicht dein Radio kurz mal ausschalten, Kumpel?"

Heiner: „Worum, nou heeri doch die Sendung nemmer, wenni ausschald."

Sprecher: „Hahahahahaha, also gut. Du hast dir, glaub ich, von der Spider-Murphy-Gang ‚Scharf wie a Pepperoni' gewünscht, oder?"

Heiner: „Naa, iich hob mer es ‚Echo vom Keenichsee' gwinschd."

Sprecher: „Hahahaha, wauuuuuu, der gute alte Königssee. Sag mal, Bubi, wie alt bist du denn eigentlich?"

Heiner: „Also, iich wer morng dreiersibbzg. Und drum hobbi mer für mein Gebozzdooch des Echo vom Keenichsee..." Es wird Musik eingeblendet.

Oft werden in diesen lehrreichen Musiksendungen auch echte Probleme angesprochen, die jeden angehen. Zum Beispiel so.

Sprecher: „Jochen, du rufst uns also aus Wasserburg an. Wo wohnst du denn in Wasserburg?"

Jochen: „Wohnen? Ja, so. Ich wohn in der Mozartstraße."

Sprecher: „Aha. In der Mozartstraße. Wo ist denn die?"

Jochen: „Ja, also die ist in Wasserburg."

Sprecher: „Prima!" Und schon weiß jeder in ganz Bayern, daß es hundertprozentig gesichert ist, daß wir in Wasserburg eine Mozartstraße haben.

Am gelungensten aber sind die Sendungen, wo man als ganz normaler Hörer Bekannte und Freunde durch den Äther grüßen kann. Zungenfertige Anrufer bringen es da auf gut und gern tausend Bekannte pro Minute.

Man grüßt zum Beispiel seine Eltern, die neben einem sitzen, den Opa in Straubing, die Uschi, die Mausi, den Hugo, die Klassen eins bis dreizehn vom Gotthilf-Fischer-Gymnasium, den Bazi, den Lumpi und seinen Goldhamster auf der Intensivstation. Grüßen kann man solang wie man will, lediglich um Mitternacht muß man zwei Minuten für „Gott mit dir, du Land der Bayern" aussetzen.

Weil diese an sich sehr schönen Sendungen zur Zeit doch eine Art Dürreperiode durchmachen, soll jetzt Bayern drei in Bayern dry umbenannt werden. Beziehungsweise Bayern Extradry.

# Der 1. FC Nürnberg

Früher, wenn der ruhmreiche Club von einem Auswärtsspiel heimgefahren ist, dann haben die Spieler immer fröhliche Lieder gesungen. Diese schöne Tradition hat sich Gott sei Dank bis in unsere Tage erhalten. Es wird immer noch musiziert im Omnibus, und zwar pfeifen unsere Stars und die ganze Vogelschar auf dem letzten Loch. Wie inzwischen jeder weiß, hat nämlich die teuerste Altherren-Mannschaft der deutschen Fußballgeschichte jetzt seit genau einem Jahr auswärts außer Erfahrung nichts mehr gewonnen. Es dreht sich dabei um die kontinuierlichste Leistung, die der 1. FC Nürnberg je vollbracht hat. Man muß als stiller Beobachter davor den Hut ziehen – möglichst ziemlich tief über die Augen, damit man nichts mehr sieht.

Lange hat man nicht gewußt, wer eigentlich an dieser etwas unglücklichen Serie schuld ist, und jetzt ist der wirklich Verantwortliche endlich mit einer straff wissenschaftlichen Methode ermittelt worden: Wie nicht anders zu erwarten war, ist die Presse daran schuld. Draufgekommen ist der Präsident Roth vom 1. FC Nürnberg, der in seiner Vereinszeitung unter anderem schreibt: „Wenn man dann noch sieht, was einige dieser vom Club verwöhnten Herren an vereinsschädigender und unsachlicher Kritik über den Verein auslassen, dann kann man beim besten Willen die Welt nicht mehr verstehen." Jawoll, möchte der Spezi in diesem Fall mitweinen, das muß einmal offen ausgesprochen werden! Man muß nämlich von diesen Auswärtsniederlagen endlich auch einmal das Positive sehen!

Wahrscheinlich hat noch keiner dieser verantwortungslosen Journalisten miterlebt, wie freundlich in letzter Zeit der 1. FC Nürnberg in allen Bundesliga-Stadien dieses unseres Landes alle vierzehn Tage empfangen wird. Automatisch hellen sich die Mienen der gegnerischen Trainer auf, wenn sie hören, daß man am nächsten Samstag endlich wieder gegen den Club spielen darf und daß die zwei Punkte praktisch schon am Konto stehen.

Es ist eitel Sonnenschein zwischen München und Bremen, wenn unsere Nürnberger Rothemden mit den schwarzen Spendierhosen im Stadion einlaufen. In vielen Städten ist der 1. FCN schon so beliebt, daß extra wegen ihm die Eintrittspreise gesenkt werden. Und dann muß man es außerdem auch noch von der politischen Seite her sehen: Das Wort „Führer" ist nämlich mit unserer Stadt eine Zeitlang nicht gerade in einem angenehmen Zusammenhang gestanden, so daß man alles in dieser Richtung selbstverständlich vermeiden soll. Da wäre der Club als Tabellen-Führer eine wahre Geschmacklosigkeit.

Die Stadt muß also dem Club dankbar sein, wie sich die Profis Woche für Woche für Nürnbergs Image einsetzen. Und davon liest man natürlich kein einziges Wort in den Zeitungen! Sie schleudern nur mit Dreck und unterhöhlen dadurch den Verein. Wenn es auswärts schon in die Hose geht und die Kicker angeblich einen Odel spielen, daß man das ganze Knoblauchsland damit düngen kann, dann muß man doch nicht unbedingt seine Schreibmaschine noch in die Wunde legen. Man kann sich doch zum Beispiel in seinem Bericht auch auf Landschaftsbeschreibungen oder ähnliche Stimmungsbilder beschränken.

Kein Leser weiß zum Beispiel, wie am Bökelberg in Mönchengladbach der Rasen in einem herrlichen Grün erstrahlt; wie sich die letzten Zugvögel auf den Flutlichtmasten versammeln und ein frisches Lüftchen auf den Rängen weht, wenn der Abramczik wieder einen Schwinger gehaut hat. Man kann über die Schönheit vom Betzenberg schwelgen, das Zeltdach vom Münchner Olympiastadion preisen oder sich über die traumverlorenen Sonnenuntergänge auf der Bielefelder Alm ergehen. Aber man soll endlich den Club in Ruhe lassen!

# Ein Herbst-
# aufsatz

Den Herbst erkennt man an verschiedenen Dingen. Zum Beispiel blüht auf der Heide wieder ein Blümelein im Herbst und das heißt Erika zwoo, drei, vier; im Schrebergarten feiert man Erntedankfest und in Unterfranken Ernteschwankfest, weil es jetzt überall den berühmten fränkischen Federweißen aus Italien gibt.

In der Schule erkennt man den Herbst daran, daß jetzt alle Deutschlehrer gemäß einer jahrhundertealten Tradition den sogenannten Herbstaufsatz schreiben lassen. Diese Herbst-aufsätze sind mit Abstand der schönste Beweis dafür, daß wir alle schon in jungen Jahren Dichter und Denker sind. Die von allen Germanisten so geschätzten Blödeleien sind durchdrun-gen vom ewigen Kreislauf der Natur, von starken psychoso-matischen Erkrankungen und von einem feinen Gefühl für das, was Deutschlehrer gern lesen wollen in ihrer reichlich bemessenen Freizeit.

Der Spezi, dem in seiner Jugend fast keine Schule zwischen Mögeldorf und Schniegling erspart geblieben ist, kennt sich mit diesen Aufsätzen sehr gut aus. Das Wichtigste an einem Herbstaufsatz ist natürlich das fallende Laub. Man muß darüber unbedingt schreiben, denn es erinnert uns an die oft noch völlig unbekannte Vergänglichkeit im Leben, an ein Weiterleben nach dem Tod im Komposthaufen und an die Fallgesetze.

Man soll den Abschnitt über das fallende Laub unbedingt noch ausschmücken mit dem Maler Herbst. Dabei handelt es sich nicht um den Malermeister Hans Herbst aus Schwaig, den der Spezi sehr gut kennt, sondern um die Verfärbung der

Blätter. Keinesfalls schreibt man in diesem Kapitel, daß viele Blätter jetzt rot und blau werden, sondern man muß es viel poetischer halten. Zum Beispiel so: Der Wald ist förmlich in flammendes Farbenmeer getaucht, es lodert und glüht, und am Horizont sehen wir bereits die Freiwillige Feuerwehr von Buchenbühl.

Über das herbstliche Fernweh und die herbstliche Todessehnsucht – beides übrigens Krankheiten, die nicht auf Krankenschein abgerechnet werden können – leitet man dann zart über auf die in jedem Herbstaufsatz dringend erforderlichen Zugvögel. Diese versammeln sich jetzt selbstverständlich auf den Telegrafenmasten und ziehen gen Süden, gen Italien und gendarm.

Der dritte Punkt im Hauptteil eines Herbstaufsatzes müßte dann irgendwas mit einem Schluck Wein sein, der, wie der Dichter weiß, goldgelb im Glase schimmert. Nach einer kurzen Erlebnisschilderung, wie man nach acht oder zehn Schoppen von diesem goldgelben Schimmer mit einem herbstlichen Vollrausch durch die fahle Mondnacht fliegt und an jedem Hauseck speien muß, leitet man dann bereits zum Schluß über. In ihm kann man noch anmerken, daß für den Wandersmann jetzo die Zeit herangekommen ist und daß sich früh in den Flußtälern die verschiedenen Nebel über die Fluren wälzen.

Inklusive dem Nebel hat man dann schon ungefähr drei DIN-A-4-Seiten beinander, was für einen guten Herbstaufsatz fast langt. Vielleicht spinnt man sich noch ein bißchen zusammen über die Schönheit von Friedhöfen und streichende Winde. Oder daß irgendwo über einem Stoppelfeld ein Drachen seinen Schwanz baumeln läßt, bis er im arschklaren Firmament verschwindet. Solche Bemerkungen, wie sie schon bei Hermann Löns vorkommen, mögen die Lehrer.

Ganz am Ende des Aufsatzes kann man vielleicht noch einen praktischen Tip einbringen. Zum Beispiel die Gewinnzahlen der Herbstzeitlose in der Süddeutschen Klassenlotterie.